VRHUNSKA KUHARICA S MEDOM

SLATKI I SLANI RECEPTI ZA PRIRODNE UŽIŠTE. Otkrijte zlatnu slatkoću meda - od doručka do deserta, oslobodite snagu prirodnog zaslađivača

Franjo Petrović

Materijal autorskih prava ©2023

Sva prava pridržana

Nijedan dio ove knjige ne smije se koristiti ili prenositi u bilo kojem obliku ili na bilo koji način bez odgovarajućeg pisanog pristanka izdavača i vlasnika autorskih prava, osim kratkih citata korištenih u recenziji. Ovu knjigu ne treba smatrati zamjenom za medicinske, pravne ili druge stručne savjete.

SADRŽAJ

SADRŽAJ 3
UVOD 6
DORUČAK 7
   1. Honeycomb Toffee Bread 8
   2. Honeycomb Candy Milkshake 10
   3. Parfe od žitarica u obliku saća 12
   4. Honeycomb Candy Palačinke 14
   5. Honeycomb Candy Overnight Oats 16
   6. Honeycomb Candy francuski tost 18
   7. Honeycomb Candy zdjelica za jogurt 20
   8. Smoothie od žitarica sa saćem 22
   9. Honeycomb Candy Waffles 24
   10. Smoothie od saća od banane 26
   11. Honeycomb Candy Frappuccino 28
   12. Honeycomb Candy Iced Tea 30
   13. Honeycomb Candy Latte 32
   14. Honeycomb Candy Milk Tea 34
   15. Honeycomb Candy Topla čokolada 36
   16. Mlijeko od žitarica u saću 38
PREDJELA 40
   17. Pistacija i med Chevre Log 41
   18. Rustikalni nizozemski kruh iz pećnice 43
   19. Medeni maslac 46
   20. Bosiljak Med Ricotta Tartine 48
   21. Honeycomb Crunchie pločice 50
   22. Saćaste žitne pločice 52
   23. Honeycomb Cookie Pločice 54
   24. Honeycomb Candy Bark 56
   25. Ugrizi energetske kuglice saća 58
   26. Honeycomb Candy Popcorn 60
   27. Mješavina za grickalice sa saćem 62
   28. Honeycomb Candy Dip 64
   29. Parfe sa saćem od jogurta 66
   30. Honeycomb Candy Granola 68
DESERI 70
   31. Cannelé Bordelais 71
   32. Kolači s čajem od citrusa i meda 74

33. Mango Shrikhand 76
34. Zrnasta granola od heljde 78
35. Sladoled od meda 81
36. Sladoled od pčelinjeg voska 83
37. Sladoled od saća 86
38. Honeycomb Candy zalogaji smrznutog jogurta 88
39. Kolač od saća od banane 90
40. Saće od tamne čokolade 92
41. Bomboni sa saćem od mlijeka i sladoleda od žitarica 94
42. Kolač od sira u saću 96
43. Honeycomb Candy Gateau 98
44. Sendviči sa sladoledom u obliku saća 100
45. Medeni kolač od kave 102
46. Kolač od saća od limuna 105

KOLAČIĆI I BOMBONI 108
47. Medeni kolačići 109
48. Energetski ugrizi 111
49. Karamele od meda 113
50. Pljeskavice od peperminta 116

PRATNJE 118
51. Medena gorušica 119
52. Preljev od avokada od meda 121
53. Vinaigrette od meda s polenom 123
54. Medeni umak za roštilj 125
55. Dimljeni med 127

FERMENTISANA HRANA 129
56. Fermentirani kečap 130
57. Fermentirani med češnjak 132
58. Fermentirane medene brusnice 134
59. Fermentirana probiotička medena soda bobica 136
60. Tepače 138

PIĆA 140
61. Osnovni sirup od meda 141
62. Ginger Ale 143
63. Mandarin Fiz 145
64. Medeni koktel od limunske trave od krastavaca 147
65. Koktel od marelice i kardamoma 149
66. Medeni koktel od tekile 151
67. Litavska žestoka pića od meda 153
68. Tonik od bazge 155

69. Kurkuma Med Super Booster 157
70. Martini u saću 159
71. Saće Margarita 161
72. Honeycomb tropski Mocktail 163
73. Bomboni u saću staromodni 165
74. Honeycomb Candy Mojito Mocktail 167
75. Honeycomb Candy Punch 169
76. Saće žitarice bijeli ruski 171
77. Honeycomb Candy Spritzer 173
78. Honeycomb Candy Whisky Smash 175
79. Honeycomb Candy Pina Colada 177

MIJEDNI MED 179

80. Med s limunom 180
81. Med s narančom 182
82. Med s limunovim maslacem 184
83. Med s dodatkom breskve 186
84. Med s kruškom i jabukom 188
85. Ružičasti grejp s medom 190
86. Dunja Infused med 192
87. Med od cimeta i jabuke 194
88. Cvjetovi bazge utopljeni u med 196
89. Jorgovan natopljen medom 198
90. Jasmin natopljen medom 200
91. Tulsi infuzirani med 202
92. Med s dodatkom cimeta 204
93. Med s đumbirom 206
94. Med s dodatkom vanilije 208
95. Med sa zvjezdastim anisom 210
96. Med natopljen klinčićem 212
97. Jalapeno infuzirani med 214
98. Med natopljen sjemenkama korijandera 216
99. Sjeme celera s medom 218
100. Mak med 220

ZAKLJUČAK 222

UVOD

Dobrodošli u svijet meda! U ovoj kuharici pozivamo vas da se prepustite zlatnoj slatkoći izvanrednog dara prirode. Med se stoljećima njeguje kao prirodni zaslađivač i izvor nevjerojatnih okusa i blagodati za zdravlje. Ova kuharica vaš je najbolji vodič za otključavanje punog potencijala meda u raznim ukusnim receptima, slatkim i slanim.

Med nije samo zamjena za šećer; to je kulinarsko blago koje vašim jelima dodaje dubinu, složenost i dašak prirodne slatkoće. Od omiljenih doručaka i primamljivih predjela do zadovoljavajućih glavnih jela i neodoljivih deserata, ova kuharica slavi svestranost i bogatstvo kreacija prožetih medom.

Na ovim stranicama otkrit ćete riznicu recepata koji prikazuju nevjerojatan raspon okusa i tekstura koje med može donijeti na vaš stol. Od mesa s medom i pečenog povrća do peciva s medom i dekadentnih slatkiša, pripremili smo kolekciju koja ističe različite primjene ovog izvanrednog sastojka. Svaki recept pažljivo je osmišljen kako bi izvukao najbolje od prirodne slatkoće meda dok nadopunjuje druge okuse.

Ali ova je kuharica više od puke kompilacije recepata s medom. Vodit ćemo vas kroz različite vrste i sorte meda, podijeliti uvide u njegove zdravstvene prednosti i dati savjete o odabiru najkvalitetnijeg meda za vaša jela. Bilo da ste entuzijast meda ili tek počinjete da ga uključujete u svoje kuhanje, mi smo tu da vam pomognemo da prigrlite bogatstvo i svestranost ovog zlatnog eliksira.

Dakle, tražite li zdraviju alternativu rafiniranom šećeru, istražujete nove kombinacije okusa ili jednostavno uživate u prirodnoj slatkoći meda, neka "VRHUNSKA KUHARICA S MEDOM" bude vaš vodič. Pripremite se da krenete na putovanje koje će preobraziti vaše kulinarske kreacije i unijeti esenciju prirodnog zaslađivača u vašu kuhinju.

DORUČAK

1.Honeycomb Toffee Bread

SASTOJCI:
- 3 šalice višenamjenskog brašna
- 2 žličice aktivnog suhog kvasca
- 1 žličica soli
- 2 žlice meda
- 1 šalica tople vode
- ¼ šalice otopljenog maslaca
- ½ šalice zdrobljene karamele u saću (po želji)

UPUTE:
a) U velikoj zdjeli za miješanje pomiješajte brašno, kvasac i sol.
b) U posebnoj posudi pomiješajte med i toplu vodu dok se med ne otopi.
c) Ulijte smjesu meda i vode u smjesu brašna i dobro promiješajte da dobijete tijesto.
d) Miješite tijesto na lagano pobrašnjenoj površini oko 5-7 minuta, dok ne bude glatko i elastično.
e) Stavite tijesto u namašćenu zdjelu, pokrijte ga čistom kuhinjskom krpom i ostavite da se diže na toplom mjestu oko 1 sat ili dok se ne udvostruči.
f) Zagrijte pećnicu na 375°F (190°C).
g) Dignuto tijesto izbušite i oblikujte u štrucu.
h) Stavite štrucu u podmazan kalup za pečenje i vrh premažite otopljenim maslacem.
i) Po vrhu štruce pospite zdrobljenu karamelu u saću, lagano je utiskujući u tijesto.
j) Pecite kruh u prethodno zagrijanoj pećnici 25-30 minuta ili dok ne porumeni.
k) Izvadite kruh iz pećnice i ostavite ga da se ohladi na rešetki prije rezanja i posluživanja.

2. Honeycomb Candy Milkshake

SASTOJCI:
- 2 šalice sladoleda od vanilije
- 1 šalica mlijeka
- ½ šalice bombona u obliku saća, zgnječenog
- Šlag za preljev

UPUTE:

a) U blenderu pomiješajte sladoled od vanilije, mlijeko i zdrobljene bombone sa saćem.
b) Miješajte dok ne postane glatko i kremasto.
c) Ulijte milkshake u čašu.
d) Prelijte šlagom i dodatnim zdrobljenim bombonom od saća.
e) Uživajte u ovom ugodnom milkshakeu od slatkiša za doručak.

3.Parfe sa saćem od žitarica

SASTOJCI:
- 1 šalica žitarica saća
- 1 šalica grčkog jogurta
- 1 šalica miješanog svježeg bobičastog voća
- Med za podlijevanje

UPUTE:
a) U čašu ili staklenku stavite slojeve žitarica u obliku saća, grčkog jogurta i miješanog svježeg bobičastog voća.
b) Svaki sloj prelijte medom.
c) Ponavljajte slojeve dok ne potrošite sastojke.
d) Prelijte dodatnom kapljicom meda i nekoliko komadića žitarica u saću.
e) Poslužite i okusite ovaj hrskavi i slatki parfe od žitarica u obliku saća.

4. Honeycomb Candy Palačinke

SASTOJCI:
- 1 ½ šalice višenamjenskog brašna
- 2 žlice šećera
- 1 žlica praška za pecivo
- ½ žličice soli
- 1 šalica mlijeka
- 1 jaje
- 2 žlice otopljenog maslaca
- ½ šalice bombona u obliku saća, zgnječenog
- Maslac ili ulje za prženje

UPUTE:
a) U zdjeli za miješanje pomiješajte brašno, šećer, prašak za pecivo i sol.
b) U drugoj zdjeli pjenjačom izmiješajte mlijeko, jaje, otopljeni maslac i zdrobljene bombone.
c) Ulijte mokre sastojke u suhe sastojke i miješajte dok se ne sjedine.
d) Zagrijte rešetku ili tavu na srednje jakoj vatri i namažite je maslacem ili uljem.
e) Ulijte ¼ šalice tijesta na rešetku za svaku palačinku.
f) Kuhajte dok se na površini ne stvore mjehurići, zatim okrenite i pecite dok ne porumene.
g) Saćaste palačinke poslužite s dodatkom zdrobljenih saćastih bombona i nadjevima po izboru.

5. Honeycomb Candy Overnight Oats

SASTOJCI:
- ½ šalice valjane zobi
- ½ šalice mlijeka (mliječnog ili biljnog)
- ½ šalice grčkog jogurta
- 1 žlica meda
- ¼ šalice bombona u obliku saća, zgnječenog
- Svježe voće za preljev

UPUTE:
a) U staklenci ili posudi pomiješajte zobene pahuljice, mlijeko, grčki jogurt i med.
b) Dobro promiješajte da se sjedini.
c) Po smjesi pospite zdrobljene bombone u saću.
d) Pokrijte staklenku ili posudu i stavite u hladnjak preko noći.
e) Ujutro zob dobro promiješajte.
f) Prelijte svježim voćem i dodatnom smrvljenom bombonom od saća.
g) Uživajte u ovom jednostavnom i ukusnom slatkišu od saća preko noći.

6. Honeycomb Candy francuski tost

SASTOJCI:
- 4 kriške kruha
- 2 jaja
- ¼ šalice mlijeka
- ½ žličice ekstrakta vanilije
- Maslac za prženje
- Med za podlijevanje
- Bomboni u obliku saća, zdrobljeni

UPUTE:
a) U plitkoj posudi umutite jaja, mlijeko i ekstrakt vanilije.
b) Umočite svaku krišku kruha u smjesu od jaja, premažite obje strane.
c) Zagrijte tavu na srednje jakoj vatri i otopite malo maslaca.
d) Stavite umočene kriške kruha u tavu i pecite dok ne porumene sa svake strane.
e) Poslužite francuski tost preliven medom, posipan zdrobljenom bombonom od saća.
f) Uživajte u ovom slatkom i hrskavom francuskom tostu od bombona od saća.

7.Honeycomb Candy zdjela za jogurt

SASTOJCI:
- 1 šalica grčkog jogurta
- 2 žlice meda
- ¼ šalice bombona u obliku saća, zgnječenog
- Svježe voće za preljev

UPUTE:
a) U posudi pomiješajte grčki jogurt i med.
b) Preko jogurta pospite zdrobljene bombone.
c) Prelijte svježim voćem.
d) Dobro promiješajte i uživajte u ovoj divnoj zdjelici od jogurta s medom.

8.Smoothie od žitarica sa saćem

SASTOJCI:
- 1 zrela banana
- 1 šalica smrznutog miješanog bobičastog voća
- ½ šalice žitarica u obliku saća
- 1 šalica mlijeka (mliječnog ili biljnog)
- 1 žlica meda

UPUTE:
a) U blenderu pomiješajte zrelu bananu, smrznuto miješano bobičasto voće, žitarice u obliku saća, mlijeko i med.
b) Miješajte dok ne postane glatko i kremasto.
c) Ulijte smoothie u čašu.
d) Ukrasite posipom žitarica u saću na vrhu.
e) Uživajte u ovom smoothieju od žitarica sa saćem za brz i energičan doručak.

9.Honeycomb Candy Vafli

SASTOJCI:
- 1 ½ šalice višenamjenskog brašna
- 2 žlice šećera
- 1 žlica praška za pecivo
- ½ žličice soli
- 1 šalica mlijeka
- ¼ šalice biljnog ulja
- 2 jaja
- ½ žličice ekstrakta vanilije
- ½ šalice bombona u obliku saća, zgnječenog

UPUTE:
a) Zagrijte pekač za vafle prema uputama proizvođača.
b) U zdjeli za miješanje pomiješajte brašno, šećer, prašak za pecivo i sol.
c) U drugoj posudi umutite mlijeko, biljno ulje, jaja i ekstrakt vanilije.
d) Ulijte mokre sastojke u suhe sastojke i miješajte dok se ne sjedine.
e) Umiješajte zdrobljene bombone saća.
f) Zagrabite tijesto na prethodno zagrijani kalup za vafle i pecite dok ne porumeni i postane hrskavo.
g) Poslužite vafle od saćastih bombona s malo meda i dodatno zdrobljene bombone od saća.

10. Smoothie od saća od banane

SASTOJCI:
- 1 smrznuta banana
- 1 šalica bademovog mlijeka (ili mlijeka koje preferirate)
- ¼ šalice žitarica u obliku saća
- 1 žlica meda
- Kockice leda (po želji)

UPUTE:
a) U blenderu pomiješajte smrznutu bananu, bademovo mlijeko, pahuljice sa saćem i med.
b) Miješajte dok ne postane glatko i kremasto.
c) Po želji dodajte kockice leda i ponovno izmiksajte.
d) Ulijte smoothie u čašu.
e) Ukrasite posipom žitarica u saću na vrhu.
f) Uživajte u ovom smoothieju od žitarica sa saćem kao ukusnom i zasitnom napitku.

11. Bomboni sa saćem Frappuccino

SASTOJCI:
- 1 šalica jako kuhane kave, ohlađene
- ½ šalice mlijeka (mliječnog ili biljnog)
- ¼ šalice bombona u obliku saća, zgnječenog
- 2 žlice šećera
- Kocke leda
- Šlag (po želji)

UPUTE:

a) U blenderu pomiješajte ohlađenu kavu, mlijeko, zdrobljene bombone sa saćem, šećer i šaku kockica leda.

b) Miješajte dok se dobro ne sjedini i ne postane pjenasto.

c) Ulijte Frappuccino u čašu.

d) Prelijte vrhnjem za šlag i dodatnim zdrobljenim bombonama od saća po želji.

e) Uživajte u ovom bombonu Frappuccino od saća kao divnom i energizirajućem napitku.

12. Honeycomb Candy Iced Tea

SASTOJCI:
- 2 šalice kuhanog čaja (crnog ili biljnog), ohlađenog
- ¼ šalice meda
- ¼ šalice bombona u obliku saća, zgnječenog
- Kriške limuna (po želji)

UPUTE:

a) U vrču pomiješajte ohlađeni kuhani čaj, med i zdrobljene bombone od saća.

b) Miješajte dok se bombon sa saćem ne otopi.

c) Po želji dodajte kriške limuna za dodatni okus.

d) Napunite čaše kockicama leda i prelijte ledeni čaj od bombona saća preko leda.

e) Poslužite i uživajte u ovom osvježavajućem ledenom čaju od bombona od saća tijekom vrućeg dana.

13. Honeycomb Candy Latte

SASTOJCI:
- 1 doza espressa (ili jake kuhane kave)
- 1 šalica mlijeka (mliječnog ili biljnog)
- 2 žlice meda
- ¼ šalice bombona u obliku saća, zgnječenog
- Kakao prah ili cimet za posipanje (po želji)

UPUTE:
a) U loncu zagrijte mlijeko i med na srednje jakoj vatri dok ne zagriju, ali ne proključaju.
b) Mlijeko pjenite pjenjačom ili pjenjačom dok ne postane kremasto.
c) Ulijte espresso ili kavu u šalicu.
d) Dodajte vruću mliječnu smjesu u šalicu, lagano miješajući.
e) Odozgo pospite zdrobljene bombone u saću.
f) Po želji pospite kakaom u prahu ili cimetom.
g) Uživajte u ovoj kavi s mlijekom od saća kao utješnom i aromatičnom napitku.

14. Honeycomb Candy Milk Tea

SASTOJCI:
- ½ šalice tapioka bisera (boba)
- 2 šalice vode
- ¼ šalice bombona u obliku saća, zgnječenog u male komadiće
- Vaš izbor čaja (crni čaj, zeleni čaj ili bilo koji drugi okus)
- Mliječna ili nemliječna alternativa
- Zaslađivač (po izboru)
- Kocke leda

UPUTE:
a) Skuhajte bisere tapioke (boba) prema uputama na pakiranju. Obično ćete morati zakuhati lonac vode, dodati boba bisere i kuhati dok ne omekšaju i ne postanu žvakaći. Kuhane bisernice ocijedite i isperite hladnom vodom.
b) U čašu na dno stavite zdrobljene bombone saća.
c) Pripremite čaj po izboru tako da ga skuhate prema uputama na pakiranju. Možete ga napraviti toplo ili hladno, ovisno o vašim željama.
d) Kad je čaj gotov, prelijte ga preko zgnječenog saća u čaši.
e) U čašu dodajte kuhane bisere tapioke (boba).
f) Po želji u čaj dodajte zaslađivač i miješajte dok se ne otopi.
g) Dodajte mlijeko ili alternativu bez mlijeka u čašu, ostavljajući malo prostora na vrhu za led.
h) Smjesu lagano promiješajte da se svi sastojci sjedine.
i) Dodajte kockice leda kako biste ohladili piće i dali mu osvježavajući dodir.
j) Umetnite veliku slamku ili slamku boba u čašu, omogućujući vam da zajedno uživate u bombonima saća i boba biserima dok ispijate piće.
k) Još jednom promiješajte piće i spremno je za uživanje!

15. Honeycomb Candy Topla čokolada

SASTOJCI:
- 2 šalice mlijeka (mliječnog ili biljnog)
- 2 žlice kakaa u prahu
- 2 žlice šećera
- ¼ šalice bombona u obliku saća, zgnječenog
- Šlag i strugotine čokolade za preljev (po želji)

UPUTE:
a) U loncu zagrijte mlijeko na srednje jakoj vatri dok ne postane vruće, ali ne zavrije.
b) Umiješajte kakao prah i šećer dok se dobro ne sjedine i postanu glatki.
c) U vruću čokoladnu smjesu dodajte zdrobljene bombone sa saćem.
d) Nastavite zagrijavati i miješati dok se bombon sa saćem ne otopi.
e) Ulijte vruću čokoladu u šalice.
f) Po želji prelijte šlagom i komadićima čokolade.
g) Uživajte u ovoj bogatoj i dekadentnoj toploj čokoladi od bombona u obliku saća tijekom prohladnog dana.

16. Mlijeko od žitarica sa saćem

SASTOJCI:
- 2 šalice mlijeka (mliječnog ili biljnog)
- 1 šalica žitarica saća

UPUTE:
a) Ulijte mlijeko u posudu.
b) U mlijeko dodajte pahuljice sa saćem.
c) Lagano promiješajte da se žitarice umiješaju u mlijeko.
d) Pustite smjesu da odstoji oko 10 minuta, dopuštajući žitaricama da prožmu mlijeko.
e) Procijedite mlijeko kako biste uklonili ostatke žitarica, ako želite.
f) Mlijeko sa saćem poslužite ohlađeno ili s ledom.
g) Uživajte u ovom nostalgičnom i slatkom mlijeku od žitarica sa saćem kao divnom napitku.

PREDJELA

17.Pistacija i med Chevre Log

SASTOJCI:
- 1 cjepanica (10 unci ili 280 g) chevre kozjeg sira
- 1/4 šalice (85 g) meda
- 2 žlice (40 g) pekmeza od smokava
- 1/8 do 1/4 šalice (15 do 31 g) nasjeckanih pistacija bez ljuske
- Tanjur za posluživanje
- Mala posuda za mikrovalnu pećnicu
- Žlica

UPUTE:
a) Stavite cjepanicu sira Chevre na posudu za posluživanje.
b) Zagrijte med i džem u maloj posudi u mikrovalnoj pećnici dok se konzerve ne otope i dok se med i džem ne mogu lako sjediniti.
c) Mješavinom meda i pekmeza prelijte cjepanicu kozjeg sira i pospite nasjeckanim pistaćima.
d) Poslužite s krekerima ili hrskavim kruhom.

18.Rustikalni nizozemski kruh iz pećnice

SASTOJCI:

PRETHODNI FERMENT:
- 1 šalica (235 ml) ohlađene do mlake vode (90°F do 100°F [32°C do 38°C])
- 1/2 žličice aktivnog suhog kvasca
- 11/4 šalice (171 g) brašna za kruh
- 1/4 šalice (31 g) višenamjenskog brašna ili integralnog pšeničnog brašna
- Velika zdjela
- Drvena žlica
- Plastična folija

TIJESTO:
- Prefermentirajte odozgo
- 1 šalica (235 ml) vode (100°F do 115°F [38°C do 46°C])
- 3/4 žličice aktivnog suhog kvasca
- 2 žlice (40 g) meda
- 31/2 do 4 šalice (480 do 548 g) brašna za kruh
- 2 žličice soli, ili po ukusu
- Plastična folija
- Kukuruzna krupica ili brašno
- Pergament papir
- Nizozemska pećnica
- Oštar nož

UPUTE:

a) Za pripremu predfermenta pomiješajte sve sastojke za predferment kako biste dobili gustu, mokru smjesu. Pokrijte plastičnom folijom i ostavite da odstoji najmanje 2 sata. Za najbolji okus, ostavite predjelo da odstoji duže ili preko noći.

b) Da biste napravili tijesto, promiješajte žlicom predferment, a zatim dodajte vodu, kvasac, med, 31/2 šalice (480 g) brašna i sol. Miješajte ili mijesite tijesto, samo dok se sastojci ne sjedine. Tijesto bi trebalo biti malo čupavo, neuredno tijesto. Pokrijte ručnikom ili plastičnom folijom i ostavite da odstoji 30 minuta kako bi brašno upilo vodu te ponovno premijesite. Sada bi trebalo biti kohezivnije i malo glađe. Umijesite tijesto, po potrebi dodajte još brašna da dobijete mekano tijesto.

c) Stavite tijesto u lagano namašćenu zdjelu, prekrijte lagano namašćenom plastičnom folijom i ostavite da se diže dok se skoro ne udvostruči na hladnom mjestu ili u hladnjaku.

d) Pažljivo izradite tijesto u jednu veliku štrucu, nastojeći da se tijesto potpuno ne ispuha. Pospite komad pergamentnog papira kukuruznom krupicom ili brašnom. Nježno stavite tijesto na papir za pečenje, šavovima prema dolje i pokrijte ga namašćenom plastičnom folijom. Ostavite da se diže na toplom mjestu dok ne naraste 50 posto ili više.

e) Stavite nizozemsku pećnicu u pećnicu i zagrijte obje na 425°F (220°C ili plinska oznaka 7). Zagrijavanje lonca može trajati malo duže od same pećnice.

f) Kada je tijesto spremno, izvadite posudu iz pećnice. Pokupite papir za pečenje i tijesto zajedno i stavite ih izravno u lonac. Oštrim nožem zarežite ili prekrižite kruh. Pokrijte lonac poklopcem i stavite u pećnicu.

g) Odmah smanjite temperaturu na 375°F (190°C ili plinska oznaka 5) i pecite 30 minuta. Uklonite poklopac i pecite dodatnih 20 do 30 minuta ili dok se kruh ne ispeče. Unutarnja temperatura treba biti najmanje 190°F (88°C). Izvadite kruh iz nizozemske pećnice i stavite ga na rešetku da se ohladi. Oduprite se želji da zarežete kruh dok je još vruć. U štruci je najbolje uživati svježu, ali ohlađenu. Čuva se nekoliko dana u plastičnoj vrećici.

19. Maslac od meda

SASTOJCI:
- 1 funta (455 g) maslaca
- 1/4 šalice (85 g) meda
- Nož
- Srednja posuda
- Mikser
- Pergament papir ili plastična folija

UPUTE:

a) Maslac narežite na kockice i dodajte u zdjelu. Miješajte maslac mikserom pri maloj brzini dok se ne opusti i bude lako obradiv.

b) Dodajte med i miješajte srednjom brzinom dok se dobro ne sjedini.

c) Žlicom stavite na papir za pečenje ili plastičnu foliju kako biste oblikovali cjepanicu i stavite u hladnjak na nekoliko sati ili dok ne zatreba.

d) Učinite maslac od meda posebno posebnim dodavanjem 1/2 žličice mljevenog cimeta i 1/2 žličice ekstrakta vanilije zajedno s medom.

20.Tartine s medom od bosiljka i ricotte

SASTOJCI:
- 1 štruca hrskavog kruha od kiselog tijesta, izrezana na kriške od 3/4 do 1 inča (2 do 2,5 cm)
- 1 šalica (250 g) ricotte od punomasnog mlijeka
- 2 limuna, očišćena od korice
- 1 šalica (24 g) slatkog bosiljka, krupnije nasjeckanih većih listova
- 1 veći režanj češnjaka, oguljen
- 1/2 do 1 šalice (170 do 340 g) blagog meda
- Mikroplan ili zester za limun
- Roštilj tava ili roštilj za tostiranje kruha

UPUTE:
a) Kriške kruha prepecite na roštilju ili na ploči štednjaka u grill tavi oko 2 minute po strani. Površine kruha trebaju biti tostirane do svijetlo do srednje smeđe boje.
b) Protrljajte režanj češnjaka preko jedne strane tostiranog kruha.
c) Na kruh namažite sloj ricotte, dodajte bosiljak, a kriške kruha pospite koricom limuna.
d) Neposredno prije posluživanja pospite medom po vrhu. Konzumirajte odmah.

21. Honeycomb Crunchie pločice

SASTOJCI:
- 4 šalice žitarica u obliku saća
- 2 šalice komadića mliječne čokolade
- ¼ šalice maslaca

UPUTE:
a) Posudu ili tepsiju obložiti papirom za pečenje.
b) U velikoj zdjeli za miješanje nježno zdrobite pahuljice u saću, ostavljajući veće komade za teksturu.
c) U zdjeli prikladnoj za mikrovalnu pećnicu otopite komadiće čokolade i maslac u kratkim intervalima, miješajući između, dok se smjesa potpuno ne otopi.
d) Prelijte otopljenu čokoladnu smjesu preko zdrobljenih žitarica i miješajte dok sve žitarice ne budu obložene.
e) Premjestite smjesu u pripremljenu posudu za pečenje i čvrsto pritisnite stražnjom stranom žlice ili lopatice.
f) Posudu stavite u hladnjak na oko 1 sat ili dok se čokolada ne stegne.
g) Kad su pločice čvrste, izvadite ih iz posude i narežite na željene veličine.
h) Poslužite i uživajte u hrskavim pločicama u obliku saća.

22. Saćaste žitne pločice

SASTOJCI:
- 3 šalice žitarica u obliku saća
- 2 šalice mini marshmallowa
- 3 žlice maslaca
- ¼ šalice meda
- ¼ šalice bombona u obliku saća, zgnječenog

UPUTE:
a) U velikoj zdjeli pomiješajte pahuljice sa saćem i zdrobljene bombone sa saćem. Staviti na stranu.
b) U loncu na laganoj vatri otopite maslac.
c) Dodajte mini marshmallows u otopljeni maslac i miješajte dok se potpuno ne otopi i postane glatka.
d) Maknite lonac s vatre i umiješajte med.
e) Prelijte mješavinu marshmallowa preko smjese saćastih žitarica i miješajte dok se dobro ne prekrije.
f) Smjesu čvrsto utisnite u namašćenu posudu za pečenje.
g) Pospite vrh s dodatnim zdrobljenim slatkišima od saća.
h) Ostavite pločice da se ohlade i stvrdnu prije nego što ih izrežete na kvadrate.
i) Uživajte u ovim divnim žitnim pločicama u obliku saća za doručak dok ste u pokretu.

23. Honeycomb Cookie Pločice

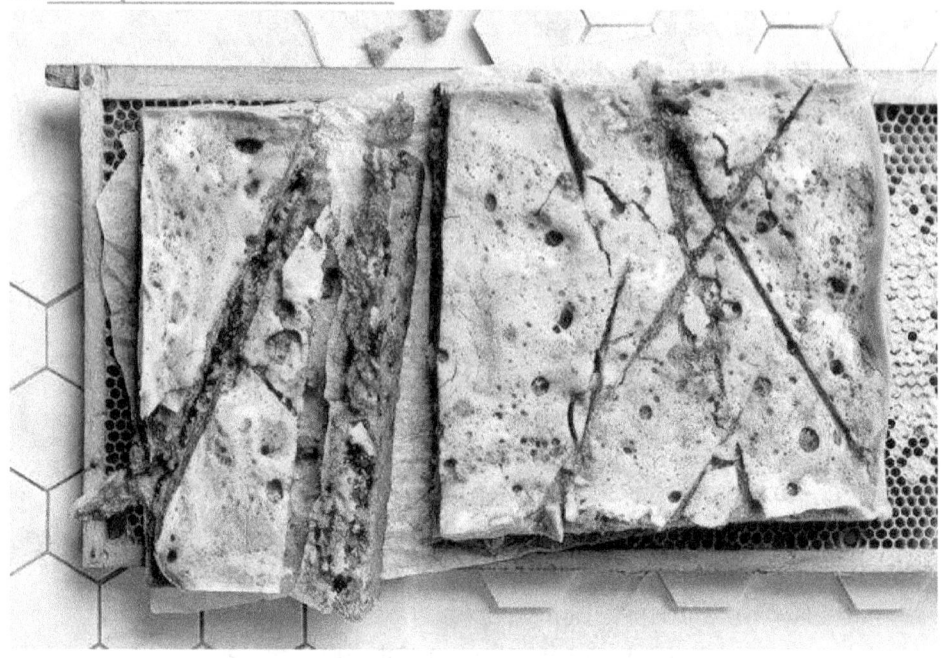

SASTOJCI:
- 1 ½ šalice višenamjenskog brašna
- ½ žličice praška za pecivo
- ¼ žličice soli
- ½ šalice neslanog maslaca, omekšalog
- ¾ šalice granuliranog šećera
- ¼ šalice meda
- 1 žličica ekstrakta vanilije
- 1 veliko jaje
- 1 šalica zdrobljenog bombona saća

UPUTE:

a) Zagrijte pećnicu na 350°F (175°C) i namastite posudu za pečenje 9x9 inča.

b) U srednjoj posudi pomiješajte brašno, prašak za pecivo i sol. Staviti na stranu.

c) U zasebnoj velikoj zdjeli pomiješajte omekšali maslac, šećer, med i ekstrakt vanilije dok ne postane svijetlo i pjenasto.

d) Tucite jaje dok se dobro ne sjedini.

e) Postupno dodajte suhe sastojke u mokre sastojke, miksajući dok se ne sjedine.

f) Ubacite zdrobljene bombone u saću, a malu količinu ostavite za preljev.

g) Tijesto za kekse ravnomjerno rasporedite u pripremljenu posudu za pečenje i po vrhu pospite ostatak zdrobljenih bombona.

h) Pecite 25-30 minuta ili dok rubovi ne porumene.

i) Izvadite iz pećnice i pustite da se potpuno ohladi prije rezanja na ploške.

24. Honeycomb Candy Bark

SASTOJCI:
- 12 unci tamne čokolade, otopljene
- 1 šalica zdrobljenog bombona saća
- ¼ šalice nasjeckanih orašastih plodova (po želji)

UPUTE:
a) Lim za pečenje obložite papirom za pečenje.
b) Otopljenu tamnu čokoladu ravnomjerno rasporedite po papiru za pečenje.
c) Po čokoladi pospite zdrobljene bombone i nasjeckane orašaste plodove (ako ih koristite).
d) Lim za pečenje stavite u hladnjak na oko 30 minuta ili dok se čokolada ne stegne.
e) Kad se stegne, izlomite koru na komade i poslužite.

25.Ugrizi energetske kuglice saća

SASTOJCI:
- 1 šalica datulja bez koštica
- ½ šalice maslaca od badema
- ¼ šalice meda
- ½ žličice ekstrakta vanilije
- ¼ žličice soli
- 1 šalica valjane zobi
- ¼ šalice zdrobljenog bombona saća
- ¼ šalice nasjeckanog kokosa (po želji, za motanje)

UPUTE:
a) U sjeckalici pomiješajte datulje, maslac od badema, med, ekstrakt vanilije i sol. Procesirajte dok ne postane glatko.
b) Dodajte valjane zobene pahuljice i zdrobljene bombone u obliku saća u procesor hrane. Pulsirajte nekoliko puta da se sastojci sjedine.
c) Grabite dijelove smjese veličine žlice i rukama ih valjajte u kuglice.
d) Po želji uvaljajte zalogaje energetskih kuglica u nasjeckani kokos za dodatni sloj okusa i teksture.
e) Stavite zalogaje energetskih kuglica na lim za pečenje obložen papirom za pečenje i ostavite u hladnjaku najmanje 30 minuta da se stegne.
f) Čuvajte zalogaje energetskih kuglica u obliku saća u hermetički zatvorenoj posudi u hladnjaku.

26. Honeycomb Candy Popcorn

SASTOJCI:
- 8 šalica pečenih kokica
- ½ šalice meda
- ¼ šalice maslaca
- ½ žličice ekstrakta vanilije
- ½ šalice zdrobljenog bombona saća

UPUTE:
a) U malom loncu zajedno otopite med i maslac na srednjoj vatri.
b) Umiješajte ekstrakt vanilije.
c) Iskockane kokice stavite u veliku zdjelu i prelijte ih mješavinom meda.
d) Lagano promiješajte kokice kako bi se ravnomjerno prekrile.
e) Pospite zdrobljene bombone sa saćem po kokicama i ponovno ih promiješajte.
f) Pustite da se kokice ohlade i smjesa s medom očvrsne prije posluživanja.

27. Mješavina za grickalice sa saćem

SASTOJCI:
- 2 šalice žitarica u obliku saća
- 1 šalica prezli
- ½ šalice bombona u obliku saća, zgnječenog
- ¼ šalice prženog kikirikija ili badema
- ¼ šalice sušenih brusnica ili grožđica
- ¼ šalice komadića bijele čokolade (po želji)

UPUTE:
a) U velikoj zdjeli pomiješajte pahuljice sa saćem, prezle, zdrobljene bombone sa saćem, prženi kikiriki ili bademe, sušene brusnice ili grožđice i komadiće bijele čokolade (ako koristite).
b) Pomiješajte sastojke dok se dobro ne izmiješaju.
c) Premjestite mješavinu grickalica u hermetički zatvorenu posudu ili pojedinačne vrećice za grickalice.
d) Uživajte u ovoj slatko-slanoj mješavini zalogaja od žitarica u obliku saća dok ste u pokretu ili kao brzi međuobrok.

28. Honeycomb Candy Dip

SASTOJCI:
- 8 unci krem sira, omekšalog
- ½ šalice šećera u prahu
- ¼ šalice meda
- ¼ šalice bombona u obliku saća, zgnječenog
- Kriške jabuke, pereci ili graham krekeri za umakanje

UPUTE:

a) U zdjeli za miješanje tucite krem sir dok ne postane glatko.

b) Postupno dodajte šećer u prahu i med, miješajući dok se dobro ne sjedini.

c) Ubacite zdrobljene bombone u saću.

d) Prebacite umak u zdjelu za posluživanje.

e) Poslužite umak od slatkiša u obliku saća s kriškama jabuke, perecima ili graham krekerima kao ugodan međuobrok.

29. Parfe sa saćem od jogurta

SASTOJCI:
- 1 šalica grčkog jogurta
- 2 žlice meda
- ¼ šalice zdrobljenog bombona saća
- ¼ šalice granole
- Svježe bobičasto voće za preljev (po želji)

UPUTE:
a) U zdjeli pomiješajte grčki jogurt i med dok se dobro ne sjedine.
b) Složite jogurt od meda, zdrobljene bombone sa saćem i granolu u čašu ili staklenku.
c) Ponavljajte slojeve dok ne potrošite sve sastojke.
d) Po želji stavite svježe bobičasto voće.
e) Poslužite parfe od saćastog jogurta odmah ili ga ostavite u hladnjaku dok ne budete spremni za uživanje.

30. Honeycomb Candy Granola

SASTOJCI:
- 3 šalice starinske zobi
- 1 šalica nasjeckanih orašastih plodova (npr. bademi, orasi, pekan orasi)
- ¼ šalice meda
- 2 žlice kokosovog ulja, otopljenog
- 1 žličica ekstrakta vanilije
- ¼ žličice soli
- ½ šalice suhog voća (npr. grožđice, brusnice, nasjeckane marelice)
- ¼ šalice zdrobljenog bombona saća

UPUTE:
a) Zagrijte pećnicu na 325°F (165°C) i obložite lim za pečenje papirom za pečenje.
b) U velikoj zdjeli pomiješajte zob, nasjeckane orahe, med, otopljeno kokosovo ulje, ekstrakt vanilije i sol. Miješajte dok se svi sastojci dobro ne sjedine.
c) Smjesu ravnomjerno rasporedite po pripremljenom limu za pečenje.
d) Pecite u prethodno zagrijanoj pećnici 20-25 minuta uz miješanje jednom ili dva puta dok granola ne porumeni i ne prepeče se.
e) Izvadite lim za pečenje iz pećnice i pustite da se granola potpuno ohladi.
f) Kada se ohladi, umiješajte sušeno voće i zdrobljene bombone.
g) Čuvajte granolu sa saćem u hermetički zatvorenoj posudi na sobnoj temperaturi do 2 tjedna.

DESERI

31. Cannelé Bordelais

SASTOJCI:
TIJESTO:
- 2 šalice (475 ml) punomasnog mlijeka
- 11/2 unce (42 g) neslanog maslaca
- 1 mahune vanilije, nasjeckane sa ostruganim sjemenkama
- 3/4 šalice (150 g) šećera
- 3/4 šalice (94 g) brašna
- 1/4 žličice soli
- 2 velika jaja
- 2 velika žumanjka
- 1/4 šalice (60 ml) tamnog ruma

MAST ZA KALUPE:
- 1 žlica (14 g) pčelinjeg voska
- 1 žlica (14 g) neslanog maslaca
- Mali lonac
- Srednja posuda
- Mala posuda
- Drvena žlica
- Spremnik s hermetičkim poklopcem
- Cannelé kalupi (bakreni, aluminijski ili silikonski)
- Mala posuda otporna na toplinu
- Očistite četku za masnoću kalupa
- Folija za pecenje

UPUTE:

a) Zagrijte mlijeko, maslac i mahune vanilije i sjemenke u loncu na srednje jakoj vatri dok se maslac ne otopi i dok ne zavrije. Maknite s vatre i ostavite da se malo ohladi. Izvadite mahunu vanilije.

b) U srednjoj posudi pomiješajte šećer, brašno i sol. Staviti na stranu.

c) U maloj posudi izmiješajte jaja i žumanjke, pazeći da ne uđe previše zraka. Temperirajte jaja dodavanjem male količine toplog mlijeka u jaja i promiješajte prije dodavanja još mlijeka. Ideja je povećati temperaturu jaja bez kuhanja. Nakon što je otprilike pola mlijeka umiješano u jaja, dodajte preostalo mlijeko i smjesu jaja u smjesu šećera i brašna. Promiješajte tek toliko da se sjedini. Dodajte rum i ulijte smjesu u hermetički zatvorenu posudu i ohladite.

d) Ostavite smjesu da odstoji u hladnjaku najmanje 2 puna dana, povremeno miješajući. Ostavite sat vremena prije pečenja da dođe na sobnu temperaturu.

e) Ovaj recept je savršen početni recept. Ja dodajem narančinu koricu u mlijeko kada radim svoje, ali mogu se dodati razne vrste okusa kako bi se prilagodio recept. Probajte cvjetove lavande, zvjezdasti anis ili čak kavu.

f) Kada ste spremni za pečenje, zagrijte pećnicu na 475°F (240°C ili plinska oznaka 9) i pripremite kalupe.

g) Najprije otopite pčelinji vosak i maslac u maloj posudi otpornoj na toplinu. Za oblaganje kalupa lagano zagrijte kalupe. Premažite smjesu pčelinjeg voska/maslaca u tankom sloju unutar kalupa i stavite u zamrzivač da se ohladi.

h) Stavite kalupe na lim za pečenje, ostavljajući dovoljno zraka oko svakog kalupa. Tijesto lagano promiješajte i ulijte u kalupe za čekanje. Napunite kalupe otprilike do 3/4.

i) Kada se pećnica zagrije, pažljivo premjestite lim za pečenje u pećnicu i odmah smanjite temperaturu na 425°F (220°C ili plinska oznaka 7).

j) Pecite 15 minuta. Smanjite temperaturu pečenja na 375°F (190°, ili plinska oznaka 5) još oko sat vremena.

k) Pecite dok izvana ne bude srednje do tamno smeđe (ali ne pregoreno). Izvadite lim za pečenje iz pećnice i ostavite Cannelé da odstoji 10 minuta prije nego što ih izvadite iz kalupa na rešetku za hlađenje.

32. Kolači s medom i citrusnim čajem

SASTOJCI:
- 2 šalice (260 g) + 2 žlice (16 g) višenamjenskog brašna
- 21/4 žličice praška za pecivo
- 1/2 žličice soli
- Svježe naribana korica i sok od 2 krvave naranče
- Svježe naribana korica i sok 1/2 limuna
- 4 velika jaja, sobne temperature
- 1/2 šalice (170 g) meda
- 3/4 šalice (175 ml) blagog ekstra djevičanskog maslinovog ulja
- 1/2 šalice (120 ml) mlijeka
- Rende
- Sokovnik za citruse
- Kalup za kruh od 8 inča (23 cm).
- Pergament papir
- Mala posuda
- Srednja posuda
- Umutiti
- Drvena žlica

UPUTE:
a) Zagrijte pećnicu na 350°F (180°C ili plinska oznaka 4). Obložite kalup za pečenje komadom papira za pečenje dovoljno dugim da visi preko stranica (ovo služi kao ručka za lakše podizanje pečenog kruha iz kalupa).
b) U maloj zdjeli pomiješajte brašno, prašak za pecivo, sol, koricu crvene naranče i koricu limuna.
c) U srednjoj posudi umutite jaja, med, maslinovo ulje i sok od crvene naranče i limuna. Snažno miješajte dok ne bude glatko i bez grudica. Pomiješajte mlijeko i mješavinu brašna i miješajte dok se ne sjedine i ne budu vidljive grudice brašna.
d) Nastružite tijesto u pripremljeni kalup za kruh. Pecite 50 minuta ili dok kolač ne poprimi duboku zlatnu boju i dok se lagano ne dodirne prstom.
e) Neka se kolač potpuno ohladi prije rezanja. Ostatke kolača čvrsto zamotajte u papir za pečenje i uživajte u njima unutar 2 dana.

33. Mango Shrikhand

SASTOJCI:
- 3/4 šalice (180 g) procijeđenog jogurta (otprilike 2 šalice [460 g] necijeđenog)
- 1 do 2 žlice (15 do 28 ml) mlijeka
- Šafran, nekoliko niti, zgnječen
- 1/4 šalice (85 g) meda (ako je mango super sladak, počnite s manje)
- 1/4 žličice zelenog kardamoma u prahu
- 1/4 do 1/2 šalice (62 do 125 g) pirea od manga
- 6 do 8 pistacija (ili drugih orašastih plodova poput badema ili indijskih oraščića) sitno nasjeckanih, po želji
- Srednja posuda
- Mala posuda (prikladna za mikrovalnu)
- Drvena žlica

UPUTE:
a) Ulijte procijeđeni jogurt u srednju zdjelu i ostavite sa strane.

b) Ulijte mlijeko u malu zdjelu prikladnu za mikrovalnu pećnicu i zagrijte ga na temperaturu od približno 120°F (49°C). Dodajte šafran i promiješajte. Dok je još toplo dodajte med i promiješajte da se sjedini. Toplina mlijeka trebala bi pomoći da med omekša, dopuštajući mu da se pomiješa s hladnim jogurtom.

c) U procijeđeni jogurt dodajte mješavinu mlijeka i meda, kardamom u prahu i pire od manga. Lagano miješajte dok se potpuno ne sjedini.

d) Žlicom stavite smjesu u posude za desert i ohladite. Po želji pospite nasjeckanim orašastim plodovima neposredno prije posluživanja. Najbolje uživati u roku od dan ili dva.

34. Zrnasta granola od heljde

SASTOJCI:
- 3 šalice (240 g) zobenih zobi (bez glutena ako je potrebno)
- 1 šalica (240 g) heljde
- 11/2 šalice (90 g) kokosovih pahuljica
- 1/4 šalice (52 g) chia sjemenki
- 1/4 šalice (36 g) kokosovog šećera
- 1 šalica (135 g) lješnjaka (orasi su također ukusni.)
- 1/3 šalice (75 g) kokosovog ulja
- 1/3 šalice (115 g) meda
- 1 žličica ekstrakta vanilije
- 1/2 žličice fine morske soli
- 1/2 šalice (40 g) kakaa u prahu (organski, poštena trgovina ako je moguće)
- 2 do 3 bjelanjka (po želji)
- Velika zdjela
- Nož
- Daska za rezanje
- Mali lonac
- Drvena žlica
- Mala posuda
- Umutiti
- Lopatica
- Folija za pecenje
- Pergament papir

UPUTE:
a) Zagrijte pećnicu na 350°F (180°C ili plinska oznaka 4).
b) U velikoj zdjeli pomiješajte zobene pahuljice, heljdu, kokosove pahuljice, chia sjemenke i kokosov šećer. Grubo nasjeckajte orahe i dodajte ih u smjesu.
c) U malom loncu na laganoj i srednjoj vatri otopite kokosovo ulje. Dodajte med, vaniliju, sol i kakao prah. Umutiti dok se ne sjedini.
d) Bjelanjke umutite u maloj posudi dok ne postanu pjenasti.
e) Prelijte mješavinu meda/ulja preko suhih sastojaka i preklopite žlicom da se potpuno i ravnomjerno prekriju. Dodati umućene bjelanjke i dobro izmiješati.

f) Smjesu rasporedite u ravnomjernom sloju na obložen lim za pečenje i čvrsto pritisnite stražnjom stranom lopatice da smjesa bude kompaktna. Pecite 15 do 20 minuta.

g) Izvadite iz pećnice, okrenite granolu u velike komade i vratite je u pećnicu da se peče još 10 minuta, miješajući svake 3 do 4 minute dok se ne prepeče i ne zamiriše.

h) Još jedan dobar način da ga testirate je kušanjem lješnjaka, koji se najduže kuha - trebao bi biti orašast i ugodno pečen. Čuvajte granolu u hermetički zatvorenoj posudi do nekoliko mjeseci.

35. Sladoled od meda

SASTOJCI:
- 11/2 šalice (355 ml) gustog vrhnja
- 11/2 šalice (355 ml) punomasnog mlijeka
- 1/3 šalice (115 g) meda od heljde ili malo više meda blagog okusa
- 5 većih žumanjaka
- Prstohvat soli
- 1/2 žličice ekstrakta vanilije
- Srednji lonac
- Drvena žlica
- Srednja posuda
- Umutiti
- Cjedilo s finom mrežicom
- Čista posuda
- Prianjajuća folija
- Aparat za sladoled
- Posuda koja se čvrsto zatvara za gotov sladoled

UPUTE:
a) Posudu u kojoj planirate čuvati gotov sladoled stavite u zamrzivač da se ohladi. U srednje velikoj tavi pomiješajte vrhnje, mlijeko i med. Zagrijte na srednjoj vatri dok ne provrije, često miješajući. Maknite s vatre i poklopite. Staviti na stranu.
b) U srednjoj zdjeli umutite žumanjke. Temperirajte žumanjke tako da lagano ulijevate dio vrućeg vrhnja u žumanjke uz miješanje da se temperatura podigne i da se žumanjci ne kuhaju. Zatim sve izlijte natrag u lonac.
c) Zagrijte smjesu na srednjoj vatri, neprestano miješajući i stružući dno dok miješate. Dok se krema zagrijava, umiješajte sol i ekstrakt vanilije. Lagano kuhajte dok se smjesa ne zgusne dovoljno da možete premazati stražnju stranu drvene žlice, oko 4 minute.
d) Ulijte kremu kroz fino cjedilo u čistu zdjelu. Stavite zdjelu u ledenu kupelj i povremeno miješajte kremu dok se ne ohladi, oko 20 minuta. Pokrijte i ostavite u hladnjaku najmanje 3 sata ili preko noći.
e) Ohlađenu kremu ulijte u aparat za sladoled i pridržavajte se uputa proizvođača.
f) Nakon što je sladoled postigao željenu konzistenciju, ostružite ga u prethodno ohlađenu posudu, poklopite i stavite u zamrzivač.

36. Sladoled od pčelinjeg voska

SASTOJCI:
- 2 šalice (475 ml) gustog vrhnja
- 1 šalica (235 ml) punomasnog mlijeka
- 1/3 šalice (115 g) meda od heljde ili malo više meda blagog okusa
- 7 većih žumanjaka
- Prstohvat soli
- 1/2 žličice ekstrakta vanilije
- 1/2 šalice (115 g) pčelinjeg voska, otopljenog
- Srednji lonac
- Drvena žlica
- Srednja posuda
- Umutiti
- Miješalica
- Cjedilo s finom mrežicom
- Čista posuda
- Prianjajuća folija
- Aparat za sladoled
- Posuda koja se čvrsto zatvara za gotov sladoled

UPUTE:
a) Posudu u kojoj planirate čuvati gotov sladoled stavite u zamrzivač da se ohladi. U srednje velikoj tavi pomiješajte vrhnje, mlijeko i med. Zagrijte na srednjoj vatri dok ne provrije, često miješajući. Maknite s vatre i poklopite. Staviti na stranu.

b) U srednjoj zdjeli umutite žumanjke. Temperirajte žumanjke tako da u žumanjke polako ulijevate malo vrućeg vrhnja uz miješanje kako biste povisili temperaturu i spriječili da se žumanjci skuhaju. Zatim sve izlijte natrag u lonac.

c) Zagrijte smjesu na srednjoj vatri, neprestano miješajući i stružući dno dok miješate. Dok se krema zagrijava, umiješajte sol i ekstrakt vanilije. Lagano kuhajte dok se smjesa ne zgusne dovoljno da možete premazati stražnju stranu drvene žlice, oko 4 minute.

d) Maknite s vatre i polako umiješajte otopljeni pčelinji vosak u vruću kremu. Ulijte cijeli sadržaj u blender i miksajte na visokoj temperaturi 30 sekundi. Procijedite smjesu u čistu zdjelu kroz cjedilo s finom mrežicom kako biste uhvatili krutine voska koje nisu ugrađene. Stavite zdjelu u ledenu kupelj i povremeno miješajte kremu dok se ne ohladi, oko 20 minuta. Pokrijte i ostavite u hladnjaku najmanje 3 sata ili preko noći.

e) Ohlađenu kremu ulijte u aparat za sladoled i pridržavajte se uputa proizvođača.

f) Nakon što je sladoled postigao željenu konzistenciju, ostružite gotov sladoled u prethodno ohlađenu posudu, poklopite i stavite u zamrzivač.

37.Sladoled u obliku saća

SASTOJCI:
- 2 šalice gustog vrhnja
- 1 šalica punomasnog mlijeka
- ¾ šalice granuliranog šećera
- 4 velika žumanjka
- 1 žličica ekstrakta vanilije
- 1 šalica zdrobljenog bombona saća

UPUTE:

a) U loncu pomiješajte vrhnje, punomasno mlijeko i granulirani šećer. Zagrijte na srednjoj vatri dok smjesa ne bude vruća, ali ne proključa, povremeno miješajući.

b) U posebnoj posudi umutiti žumanjke.

c) Postupno ulijte oko ½ šalice vruće smjese vrhnja u žumanjke, neprestano miješajući da se žumanjci umire.

d) Ulijte temperiranu smjesu žumanjaka natrag u lonac s preostalom smjesom vrhnja, neprestano miješajući.

e) Smjesu kuhajte na srednjoj vatri uz stalno miješanje dok se ne zgusne i ne oblijepi poleđinu žlice. Nemojte dopustiti da prokuha.

f) Maknite lonac s vatre i umiješajte ekstrakt vanilije.

g) Premjestite smjesu u zdjelu i pokrijte je plastičnom folijom, pritišćući foliju izravno na površinu kreme kako biste spriječili stvaranje kožice.

h) Ohladite kremu u hladnjaku najmanje 4 sata ili preko noći.

i) Ohlađenu kremu ulijte u aparat za sladoled i umutite prema uputama proizvođača.

j) Tijekom posljednjih nekoliko minuta miješanja dodajte zdrobljeni bombon saća i nastavite miješati dok se dobro ne izmiješa.

k) Prebacite sladoled u obliku saća u posudu s poklopcem i zamrznite nekoliko sati da se stegne prije posluživanja.

38. Honeycomb Candy zalogaji smrznutog jogurta

SASTOJCI:
- grčki jogurt
- Med
- Bomboni u obliku saća, zdrobljeni
- ½ šalice smrznutih divljih borovnica (po želji)

UPUTE:
a) Lim za pečenje obložite papirom za pečenje.
b) U manjoj zdjelici pomiješajte grčki jogurt i med da zasladite po svom ukusu.
c) Žlicom stavljajte male komadiće smjese od jogurta na lim za pečenje.
d) Pospite zdrobljene bombone i bobičasto voće po svakoj kuglici.
e) Stavite lim za pečenje u zamrzivač na par sati dok se komadići jogurta ne zamrznu.

39. Kolač od saća od banane

SASTOJCI:

- 2 šalice višenamjenskog brašna
- 1 ½ žličice praška za pecivo
- ½ žličice sode bikarbone
- ¼ žličice soli
- ½ šalice neslanog maslaca, omekšalog
- 1 šalica granuliranog šećera
- 2 velika jaja
- 1 žličica ekstrakta vanilije
- 3 zrele banane, zgnječene
- ½ šalice mlaćenice
- ½ šalice zdrobljenog bombona saća

UPUTE:

a) Zagrijte pećnicu na 350°F (175°C) i namastite okrugli kalup za tortu od 9 inča.

b) U srednjoj posudi pomiješajte brašno, prašak za pecivo, sodu bikarbonu i sol. Staviti na stranu.

c) U zasebnoj velikoj posudi miksajte omekšali maslac i šećer dok ne postane svijetlo i pjenasto.

d) Umutite jedno po jedno jaje, a zatim i ekstrakt vanilije.

e) Umiješajte zgnječene banane dok se dobro ne sjedine.

f) Postupno dodajte suhe sastojke mokrim sastojcima, naizmjenično s mlaćenicom, počevši i završavajući sa suhim sastojcima. Miješajte dok se ne sjedini.

g) Ubacite zdrobljene bombone u saću.

h) Ulijte tijesto u pripremljeni kalup za tortu i zagladite vrh lopaticom.

i) Pecite 35-40 minuta ili dok čačkalica zabodena u sredinu ne izađe čista.

j) Izvadite iz pećnice i ostavite kolač da se ohladi u kalupu 10 minuta prije nego što ga prebacite na rešetku da se potpuno ohladi.

k) Nakon što se ohladi, kolač možete premazati glazurom po izboru ili ga poslužiti kakav jest.

40. Saće od tamne čokolade

SASTOJCI:
- 8 unci tamne čokolade, nasjeckane
- ½ šalice zdrobljenog bombona saća

UPUTE:
a) Lim za pečenje obložite papirom za pečenje.
b) Otopite tamnu čokoladu u posudi prikladnoj za mikrovalnu pećnicu, miješajući svakih 30 sekundi dok ne postane glatka.
c) Otopljenu čokoladu izlijte na pripremljeni lim za pečenje i rasporedite u ravnomjeran sloj.
d) Po otopljenoj čokoladi pospite izmljevene bombone sa saćem, lagano ih pritisnite da se zalijepe.
e) Lim za pečenje stavite u hladnjak na oko 30 minuta ili dok se čokolada ne stegne.
f) Kad se stegne, razlomite saće tamne čokolade na komadiće i poslužite.

41.Honeycomb Candy mlijeko i sladoled od žitarica

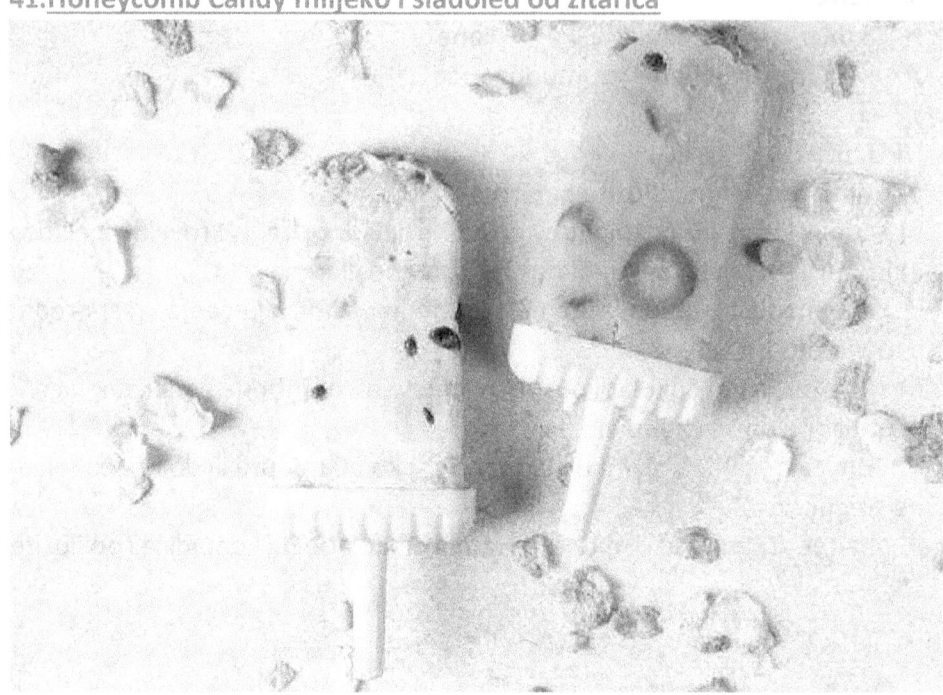

SASTOJCI:
- 2 šalice mlijeka (mliječnog ili biljnog)
- ¼ šalice meda
- Saće žitarice
- Bomboni u obliku saća, zdrobljeni
- Nasjeckano bobičasto voće, banane ili komadići čokolade (po želji)

UPUTE:
a) U posudi umutite mlijeko i med dok se dobro ne sjedine.
b) U svaki kalup za sladoled stavite nekoliko komadića zdrobljenih bombona i malu šaku žitarica u obliku saća.
c) Dodajte preljeve po želji.
d) Smjesu mlijeka i meda ulijte u kalupe, punite ih do vrha.
e) U svaki kalup umetnite štapiće za sladoled.
f) Zamrznite sladoledne sladolede najmanje 4-6 sati ili dok se potpuno ne zamrznu.
g) Izvadite sladoledne sladolede iz kalupa i uživajte.

42. Saćasti kolač od sira

SASTOJCI:
- 1 ½ šalice mrvica graham krekera
- ¼ šalice otopljenog maslaca
- 16 unci krem sira, omekšalog
- 1 šalica šećera
- 1 žličica ekstrakta vanilije
- 3 velika jaja
- ½ šalice zdrobljenog bombona saća

UPUTE:
a) Prethodno zagrijte pećnicu na 325°F (160°C) i namastite kalup za pečenje od 9 inča.
b) U zdjeli za miješanje pomiješajte mrvice graham krekera i otopljeni maslac. Utisnite smjesu na dno pripremljene posude da se oblikuje korica.
c) U posebnoj zdjeli izmiksajte krem sir, šećer i ekstrakt vanilije dok ne postanu glatki i kremasti.
d) Dodajte jedno po jedno jaje, dobro umutite nakon svakog dodavanja.
e) Ubacite zdrobljene bombone u saću.
f) Prelijte smjesu krem sira preko kore u kalupu za pečenje.
g) Pecite 50-60 minuta ili dok se sredina ne stegne.
h) Izvadite iz pećnice i ostavite kolač od sira da se potpuno ohladi prije nego što ga stavite u hladnjak na nekoliko sati ili preko noći.
i) Poslužite ohlađeno i po želji ukrasite još mrvljenim bombonom od saća.

43. Honeycomb Candy Gateau

SASTOJCI:
- 2 šalice višenamjenskog brašna
- 2 šalice granuliranog šećera
- 1 šalica neslanog maslaca, omekšalog
- 4 velika jaja
- 1 šalica mlaćenice
- 1 žličica ekstrakta vanilije
- 1 žličica praška za pecivo
- ½ žličice sode bikarbone
- ¼ žličice soli
- 1 šalica zdrobljenog bombona saća
- Šlag ili glazura za ukrašavanje (po želji)

UPUTE:
a) Zagrijte pećnicu na 350°F (175°C) i namastite i pobrašnite dva okrugla kalupa za kolače od 9 inča.
b) U velikoj zdjeli za miješanje umutite omekšali maslac i granulirani šećer dok ne postane svijetlo i pjenasto.
c) Umutite jaja, jedno po jedno, a zatim i ekstrakt vanilije.
d) U posebnoj zdjeli pomiješajte brašno, prašak za pecivo, sodu bikarbonu i sol.
e) Postupno dodajte suhe sastojke mokrim sastojcima, naizmjenično s mlaćenicom, počevši i završavajući sa suhim sastojcima. Miješajte dok se ne sjedini.
f) Ubacite zdrobljene bombone u saću.
g) Ravnomjerno podijelite tijesto između pripremljenih kalupa za torte i zagladite vrhove lopaticom.
h) Pecite u prethodno zagrijanoj pećnici 25-30 minuta ili dok čačkalica zabodena u sredinu ne izađe čista.
i) Izvadite iz pećnice i ostavite kolače da se ohlade u kalupima 10 minuta prije nego što ih prebacite na rešetku da se potpuno ohlade.
j) Kada se ohlade, kolače možete premazati šlagom ili glazurom po želji. Sastavite slojeve da napravite tortu u stilu gateaua.

44. Saćasti sladoledni sendviči

SASTOJCI:
- 1-pinta sladoleda u obliku saća
- 12 kolačića po izboru (čokolada, šećer i sl.)
- Zdrobljeni bombon u saću za motanje

UPUTE:
a) Ostavite sladoled u obliku saća da malo omekša na sobnoj temperaturi.
b) Uzmite kuglicu sladoleda i stavite je na ravnu stranu jednog kolačića.
c) Na vrh sladoleda stavite drugi kolačić, nježno pritiskajući da dobijete sendvič.
d) Rubove sladolednog sendviča uvaljajte u zdrobljene bombone od saća da obložite stranice.
e) Ponovite postupak s preostalim kolačićima i sladoledom.
f) Stavite sendviče od saćastog sladoleda u zamrzivač najmanje 1 sat ili dok se ne stvrdnu.
g) Poslužite ohlađene sladoledne sendviče za divnu poslasticu u obliku saća.

45. Medena torta od kave

SASTOJCI:
ZA TORTU:
- 2 šalice višenamjenskog brašna
- 1 ½ žličice praška za pecivo
- ½ žličice sode bikarbone
- ¼ žličice soli
- ½ šalice neslanog maslaca, omekšalog
- ¾ šalice granuliranog šećera
- 2 velika jaja
- 1 žličica ekstrakta vanilije
- ½ šalice kiselog vrhnja
- ¼ šalice meda
- ¼ šalice mlijeka

ZA STREUSEL PRELJEV:
- ½ šalice višenamjenskog brašna
- ¼ šalice granuliranog šećera
- ¼ šalice pakiranog smeđeg šećera
- ½ žličice mljevenog cimeta
- ¼ šalice neslanog maslaca, otopljenog

ZA GLAZURU:
- 1 šalica šećera u prahu
- 1 žlica meda
- 2 žlice mlijeka

UPUTE:

a) Zagrijte pećnicu na 350°F (175°C). Namastite i pobrašnite okrugli kalup za tortu od 9 inča.

b) U srednjoj posudi pomiješajte brašno, prašak za pecivo, sodu bikarbonu i sol. Staviti na stranu.

c) U velikoj zdjeli za miješanje umutite omekšali maslac i granulirani šećer dok ne postane svijetlo i pjenasto.

d) Umutite jedno po jedno jaje, a zatim i ekstrakt vanilije.

e) Dodajte kiselo vrhnje, med i mlijeko u smjesu maslaca i miješajte dok se dobro ne sjedini.

f) Postupno dodajte suhe sastojke mokrim sastojcima, miksajući dok se ne sjedine. Pazite da ne premiješate.

g) Ulijte tijesto u pripremljeni kalup za tortu, ravnomjerno ga rasporedite.

h) U posebnoj maloj posudi pomiješajte brašno, granulirani šećer, smeđi šećer i cimet za streusel preljev.
i) Ulijte otopljeni maslac i miješajte dok smjesa ne bude nalik na grube mrvice.
j) Pospite streusel preljev ravnomjerno preko tijesta za tortu.
k) Pecite u prethodno zagrijanoj pećnici 30-35 minuta ili dok čačkalica zabodena u sredinu ne izađe čista.
l) Izvadite kolač iz pećnice i ostavite da se hladi u kalupu 10 minuta, a zatim ga prebacite na rešetku da se potpuno ohladi.
m) Dok se kolač hladi, pripremite glazuru miješajući šećer u prahu, med i mlijeko dok ne postane glatko.
n) Nakon što se kolač ohladi, prelijte ga glazurom po vrhu.
o) Narežite i poslužite ukusnu medenu tortu od kave.
p) Uživajte u ovom vlažnom i aromatičnom kolaču od kave s medom uz šalicu kave ili čaja!

46. Kolač od saća od limuna

SASTOJCI:
ZA TORTU:
- 2 šalice višenamjenskog brašna
- 2 žličice praška za pecivo
- ½ žličice sode bikarbone
- ¼ žličice soli
- ½ šalice neslanog maslaca, omekšalog
- 1 šalica granuliranog šećera
- 3 velika jaja
- Korica od 2 limuna
- ¼ šalice svježeg soka od limuna
- ½ šalice mlaćenice
- ¼ šalice meda
- 1 žličica ekstrakta vanilije

ZA PUNJENJE SAĆA:
- 1 šalica bombona u obliku saća, zdrobljena na male komadiće

ZA GLAZURU OD LIMUN:
- 1 šalica šećera u prahu
- 2 žlice svježeg soka od limuna

UPUTE:
a) Zagrijte pećnicu na 350°F (175°C). Namastite i pobrašnite okrugli kalup za tortu od 9 inča.
b) U srednjoj posudi pomiješajte brašno, prašak za pecivo, sodu bikarbonu i sol. Staviti na stranu.
c) U velikoj zdjeli za miješanje umutite omekšali maslac i granulirani šećer dok ne postane svijetlo i pjenasto.
d) Umutite jedno po jedno jaje, a zatim limunovu koricu i limunov sok.
e) Dodajte mlaćenicu, med i ekstrakt vanilije u smjesu maslaca i miješajte dok se dobro ne sjedini.
f) Postupno dodajte suhe sastojke mokrim sastojcima, miksajući dok se ne sjedine. Pazite da ne premiješate.
g) Ulijte pola tijesta za torte u pripremljeni kalup za torte, ravnomjerno ga rasporedite.
h) Pospite zdrobljene bombone u saću po tijestu, osiguravajući ravnomjernu raspodjelu.
i) Preostalo tijesto za kolače prelijte preko sloja slatkiša od saća, rasporedite ga tako da prekrije nadjev.
j) Pecite u prethodno zagrijanoj pećnici 30-35 minuta ili dok čačkalica zabodena u sredinu ne izađe čista.
k) Izvadite kolač iz pećnice i ostavite da se hladi u kalupu 10 minuta, a zatim ga prebacite na rešetku da se potpuno ohladi.
l) Dok se kolač hladi, pripremite glazuru od limuna miješajući šećer u prahu i svježi limunov sok dok ne postane glatka.
m) Nakon što se kolač ohladi, prelijte ga glazurom od limuna po vrhu.
n) Narežite i poslužite ukusnu Honeycomb Lemon Cake.

KOLAČIĆI I BOMBONI

47. Medeni kolačići

SASTOJCI:
- 1/2 šalice (225 g) maslaca, omekšalog
- 1/2 šalice (115 g) tamno smeđeg šećera, pakirano
- 1/2 šalice (170 g) meda
- 1 jaje
- 11/2 šalice (188 g) višenamjenskog brašna
- 1/2 žličice sode bikarbone
- 1/2 žličice soli
- 1/2 žličice cimeta
- Folija za pecenje

UPUTE:
a) Zagrijte pećnicu na 375°F (180°C ili plinska oznaka 4).
b) Miksajte maslac, smeđi šećer, med i jaje u srednjoj zdjeli dok ne postane glatko, povremeno stružući stijenke. Umiješajte sve preostale sastojke.
c) Tijesto žlicom stavljajte na namašćen ili obložen lim za pečenje. Pecite oko 7 do 10 minuta ili dok se kolačići ne stvrdnu i rubovi ne počnu rumeniti. Kolačići će i dalje izgledati sjajni kada budu gotovi.
d) Izvadite ih iz lima za pečenje, stavite na rešetku za hlađenje i ostavite da se potpuno ohlade. Najbolje je uživati u svježem stanju, ali ako je potrebno, čuvat će se nekoliko dana u hermetički zatvorenoj posudi.

48. Energetski ugrizi

SASTOJCI:
- 2 šalice (160 g) zobi
- 1 šalica (težina će varirati) sjemenki
- 1/2 šalice (težina će varirati) nasjeckanih oraha
- 1/2 šalice (težina će varirati) nasjeckanog suhog voća po potrebi
- 2 žlice (44 g) lanenog sjemena, mljevenog
- 2/3 šalice (230 g) meda
- 1/2 do 3/4 šalice (130 do 195 g) maslaca od oraha
- 1 žlica (15 ml) ekstrakta vanilije
- 4 žlice (36 g) peludi
- Srednja posuda
- Mala posuda
- Drvena žlica

UPUTE:
1. Izmjerite sve suhe sastojke u zdjelu srednje veličine. Staviti na stranu.
2. Izmjerite med i maslac od oraha u malu zdjelu. Smjesu lagano zagrijte da se lakše miješa. Dodajte ekstrakt vanilije i pelud. Promiješajte da se sjedini.
3. Dodajte smjesu maslaca od meda i orašastih plodova suhim sastojcima i dobro promiješajte.
4. Oblikujte kuglice veličine zalogaja promjera oko 1 1/2 inča (4 cm). Čuvajte u hermetički zatvorenoj posudi u hladnjaku. Čuvat će se nekoliko tjedana ako se čuvaju u hladnjaku.

49. Karamele od meda

SASTOJCI:
- 1 šalica (235 ml) gustog vrhnja
- 1 mahuna vanilije, razrezana po dužini
- 3 žlice (15 g) nezaslađenog kakaa u prahu (po želji)
- 11/3 šalice (267 g) šećera
- 2/3 šalice (230 g) meda
- 1 štapić (4 unce ili 112 g) neslanog maslaca, omekšalog i narezanog na komadiće
- 1 žličica krupne morske soli
- Posuda za pečenje, 9 inča x 9 inča (23 cm x 23 cm)
- Voštani papir
- Mali lonac
- Veliki lonac
- Umutiti
- Termometar za slatkiše
- Oštar nož
- Daska za rezanje

UPUTE:
1. Posudu za pečenje obložite voštanim papirom, ostavljajući dugačke prepuste s dvije strane.
2. U malom loncu pomiješajte vrhnje i izrezanu mahunu vanilije i pirjajte na laganoj vatri 10 minuta. Izvadite mahunu vanilije, ostružite sjemenke i dodajte u kremu. Po želji dodajte kakao prah i promiješajte da se sjedini. Držite toplo na laganoj vatri.
3. U velikom loncu pomiješajte šećer i med. Bez miješanja otopite smjesu meda i šećera na srednjoj vatri dok se ne postane glatka i otopi. Nastavite zagrijavati smjesu dok ne potamni do duboke boje karamele, oko 5 minuta. Pažljivo gledajte - šećer brzo gori!
4. Maknite s vatre i pjenasto umiješajte komadiće maslaca jedan po jedan. Kad ste dodali sav maslac, umiješajte vruću smjesu kreme od vanilije.
5. Zakuhajte lonac na srednjoj vatri i nastavite kuhati dok smjesa ne postane tvrda lopta (pogledajte bočnu traku). Maknite s vatre i ulijte karamel u pripremljenu posudu.
6. Posudu stavite u hladnjak na 10-ak minuta da se malo stegne, a zatim vrh karamela pospite morskom soli. Pustite karamele na sobnoj temperaturi oko sat vremena ili dok se potpuno ne ohlade.
7. Za vađenje iz posude lagano povucite voštani papir i uklonite blok karamele iz posude. Oštrim nožem izrežite na kvadrate i zamotajte u komadiće voštanog papira.
8. Držite zamotane karamele u hermetički zatvorenoj posudi kako biste spriječili da privuku vlagu i postanu gumasti izvana. Pod pretpostavkom da se prvo ne pojedu, trebale bi ostati nekoliko tjedana.

50. Pljeskavice od peperminta

SASTOJCI:

- 3,5 do 4 unce (100 do 115 g) gorko-slatke čokolade
- 3 žlice (60 g) čvrstog meda
- 1/4 žličice ulja paprene metvice (prehrambeno)
- Dvostruki kotao
- 1/2 čajne žličice mjerice
- Silikonski kalup za mini muffine
- Mala posuda
- Žlica
- Candy folija

UPUTE:

a) Otopite čokoladu na pari. Nakon što se otopi, nakapajte oko 1/2 žličice čokolade na dno svake silikonske čašice za mini muffine. Žlicom malo rasporedite čokoladu po stranama i ostavite da se stvrdne.

b) U maloj posudi pomiješajte med i ulje paprene metvice.

c) Nakon što se prvi sloj čokolade stvrdnuo, žlicom stavite malo mješavine meda u sredinu svake šalice i prelijte ostatkom otopljene čokolade. Obično počinjem kišiti izvana i krećem se prema sredini. Dobro ohladite i izvadite iz kalupa.

d) Čuvati u hermetički zatvorenoj posudi. Čuva se nekoliko mjeseci.

PRATNJE

51. Honey Senf

SASTOJCI:
- 1/4 šalice (44 g) sjemenki žute gorušice
- 1/4 šalice (60 ml) vode
- 2 žlice (28 ml) jabučnog octa
- 1/4 žličice soli
- 2 do 4 žlice (40 do 85 g) meda
- Staklenka za konzerviranje sa širokim grlom (475 ml).
- Potopni blender
- Mjerice i žlice

UPUTE:
a) Izmjerite sjemenke gorušice u staklenku za konzerviranje veličine pola litre (475 ml). Dodajte vodu i ostavite nekoliko minuta. Dodajte ocat, pokrijte staklenku poklopcem i stavite u hladnjak preko noći.

b) Sljedećeg dana sjemenke će upiti većinu tekućine. Uranjajućim blenderom zgnječite sadržaj staklenke onoliko koliko želite. Dodajte sol i med i dobro promiješajte.

c) Dodajte poklopac i hladite senf nekoliko dana, dopuštajući mu da se malo otopi prije nego što procijenite okus. Čuva se nekoliko mjeseci u hladnjaku.

52.Preljev od avokada od meda

SASTOJCI:
- 1/2 šalice (120 ml) ulja od sjemenki grožđa
- 2 žlice (40 g) meda ili fermentiranog češnjaka od meda (prikazano ovdje)
- 2 češnja češnjaka
- 1 srednji avokado, oguljen, bez koštica i nasjeckan
- 1/4 šalice (60 ml) soka od limete
- 1/4 šalice (4 g) nasjeckanog cilantra
- Sol i crni papar po ukusu
- Miješalica
- Lopatica
- Hermetička posuda

UPUTE:
a) U blenderu pomiješajte ulje, med, češnjak, avokado, sok limete i cilantro te začinite solju i paprom. Pasirajte dok ne postane glatko.
b) Pomoću lopatice prebacite preljev u hermetički zatvorenu posudu.
c) U hladnjaku do 3 dana.

53. Vinaigrette od meda s polenom

SASTOJCI:
- 1/4 šalice (60 ml) ekstra djevičanskog maslinovog ulja
- 1/4 šalice (60 ml) soka od limuna
- 1/4 šalice (60 ml) jabučnog octa
- 2 žlice (30 g) senfa od meda
- 1 1/2 žlice (14 g) pčelinjeg polena
- 1 režanj češnjaka, samljeven
- 1 do 2 žličice meda (ovisno o slatkoći senfa)
- 1/2 žličice kumina
- 1/2 žličice slatke paprike
- Posolite i popaprite po ukusu
- Posuda od pola litre (475 ml) ili bokal s poklopcem

UPUTE:
a) U staklenci ili bokalu pomiješajte sve sastojke.
b) Stavite u hladnjak na nekoliko sati da se okusi stope i da se granule peludi raspadnu.
c) Prije posluživanja dobro promiješajte.
d) Čuva se oko 1 tjedan u hladnjaku.

54. Medeni umak za roštilj

SASTOJCI:
- 1 šalica (240 g) kečapa
- 1 šalica (235 ml) bijelog octa
- 2 žlice (40 g) melase
- 1 šalica (340 g) meda
- 1 žličica soli
- 1/2 žličice papra
- 2 žličice suhe gorušice
- 1 žličica paprike
- 1 1/2 žličice češnjaka u prahu
- 1 1/2 žličice luka u prahu
- Srednji lonac
- Umutiti
- Hermetička posuda

UPUTE:
a) U srednje jakoj tavi pomiješajte sve sastojke i zagrijte ih na srednjoj vatri. Umak za roštilj kuhajte 10 do 15 minuta.
b) Maknite s vatre i ostavite da se ohladi.
c) Prebacite u hermetički zatvorenu posudu i čuvajte u hladnjaku do upotrebe. Iskoristiti unutar 1 mjeseca.

55. Dimljeni med

SASTOJCI:
- Med
- Dimljenje drvne sječke
- Smoker ili roštilj
- Posude od folije
- Drvena žlica
- Poklopci za pladnjeve od folije, folija ili plastična folija
- Hermetičke posude

UPUTE:
a) Ulijte med u posudice od folije (pazite da med ne bude deblji od 1/2 inča [1 cm] za maksimalnu izloženost).
b) Posude s folijom stavite na rešetku u pušnici ili roštilju.
c) Hladno dimite med 30 minuta za manje ili 60 minuta za veće. Svakih 15 do 20 minuta promiješajte.
d) Izvadite posude iz smokera ili roštilja.
e) Posude pokrijte poklopcem, folijom ili plastičnom folijom za hranu i ostavite (unutar) na sobnoj temperaturi 24 sata.
f) Kušajte dimljeni med, pomiješajte s nedimljenim medom ako je okus dimljenog previše jak za vaš ukus.
g) Dimljeni med ulijte u hermetički zatvorene posude kao što su staklene posude s poklopcem.
h) Može se upotrijebiti odmah ili čuvati na sobnoj temperaturi kao i obični med. Prije upotrebe promiješajte med.

FERMENTISANA HRANA

56. Fermentirani kečap

SASTOJCI:

- 2 limenke (6 unci, ili 170 g, svaka) paste od rajčice
- 3 žlice (60 g) meda
- 3 žlice (45 ml) jabučnog octa
- 2 žlice (28 ml) sirutke
- 1/4 žličice luka u prahu
- 1/2 žličice soli
- 1/8 žličice crnog papra
- 1/8 žličice pimenta
- Očistite staklenku od pola litre (475 ml).
- Poklopac za konzerviranje ili poklopac sa zračnim zatvaračem

UPUTE:

a) Pomiješajte sve sastojke u staklenku za konzerviranje veličine pola litre (475 ml), kušajte i prilagođavajte začine po potrebi. Pokrijte zračnom komorom ili običnim poklopcem.

b) Ostavite domaći kečap da odstoji na sobnoj temperaturi 2 do 3 dana. Ako koristite obični poklopac, otvarajte staklenku svaki dan ili dva dana kako biste oslobodili plinove. Ovo nije potrebno ako se koristi zračna komora.

c) Čuvajte kečap u hladnjaku još 3 dana prije uživanja. Čuva se nekoliko tjedana.

57. Fermentirani med češnjak

SASTOJCI:
- 3 do 5 lukovica češnjaka
- Otprilike 1 šalica (340 g) sirovog meda
- Čista staklenka od pola litre (475 ml) s poklopcem

UPUTE:
a) Češnjeve češnjaka ogulite i lagano zgnječite.

b) Napunite staklenku od pola litre (475 ml) otprilike tri četvrtine češnjakom i dodajte dovoljno meda da pokrije, dok u staklenci ostavite dovoljno prostora za glavu da ferment mjehuri, najmanje 1 do 2 inča (2,5 do 5 cm). Zatvorite teglu poklopcem i ostavite je na pultu 1 mjesec.

c) Svaki dan podrignite staklenku uklanjanjem poklopca i ispuštanjem nakupljenog zraka. Nakon 1 mjeseca čuvati u hladnjaku.

58. Fermentirane medene brusnice

SASTOJCI:
- 1 vrećica (12 unci ili 340 g) svježih brusnica
- Korica jedne naranče
- Med za pokrivanje, otprilike 12 unci ili 340 g
- Cjedilo
- Procesor hrane
- Čista staklenka za konzerviranje od litre (950 ml) s poklopcem

UPUTE:

a) Operite i razvrstajte brusnice, a zatim ih lagano ispasirajte u multipraktiku. Cilj je otvoriti ih, a ne pire.

b) Dodajte bobičasto voće i koricu naranče u staklenku za konzerviranje od litre (950 ml). Prelijte med preko brusnica i polako napunite staklenku, zaustavljajući se oko 1 do 2 inča (2,5 do 5 cm) od vrha.

c) Staklenku zatvorite i stavite na toplo i tamno mjesto. Okrenite staklenku svaki dan 1 do 2 tjedna dok se med ne razrijedi, a zatim ostavite brusnice da fermentiraju još 4 do 6 tjedana. Čuvati na hladnom mjestu.

59. Fermentirana probiotička medena soda bobica

SASTOJCI:

- 5 šalica (1,2 L) vode
- 5 šalica (težina će varirati) bobičastog voća (zgnječenog)
- 3/4 šalice (170 g) meda
- 1/2 šalice (120 ml) svježe sirutke (pogledajte Ocijeđeni jogurt za sirutku, prikazano ovdje)
- Dodatna voda po ukusu
- Veliki lonac
- Termometar
- Cjedilo ili sito
- Očistite staklenu posudu za konzerviranje od 1/2 galona (1,9 L) s poklopcem sa zračnim zatvaračem
- Drvena žlica
- Čiste boce s poklopcem

UPUTE:

a) U loncu lagano kuhajte vodu i bobičasto voće otprilike 30 minuta. Ostavite smjesu da se ohladi na oko 100°F (38°C).

b) Procijedite tekućinu od bobica kroz sito u pripremljenu posudu za fermentaciju. Dodajte med u staklenku, miješajući da se potpuno otopi. Dodajte sirutku i još vode po ukusu. Smjesa će biti dosta slatka, ali će se velik dio te slatkoće potrošiti tijekom fermentacije.

c) Staklenku zatvorite zračnim poklopcem i ostavite na toplom mjestu otprilike 3 dana. Provjerite pjenušavo i trpko. Fermentacija može trajati do 1 tjedan ili više, ovisno o temperaturi tijekom fermentacije i jačini sirutke. Što je prostorija toplija i što je dulja fermentacija, soda će biti gaziranija i trpka.

d) Nakon što postigne željenu kiselost i gaziranost, sodu premjestite u boce s preklopnim vrhom i stavite u hladnjak da usporite fermentaciju dok se soda ne može konzumirati. Soda je obično najbolja ako se konzumira unutar 2 tjedna.

60. Tepache

SASTOJCI:

- 1/2 ananasa narezanog na kockice (ostaviti koru.)
- 1/2 šalice (170 g) tamnog meda
- 4 šalice (950 ml) vode
- 2 cijela klinčića
- 2 mahune tamarinda
- 1 štapić cimeta
- Nož i daska za rezanje
- Očistite staklenu posudu od 1/2 galona (1,9 L).
- Drvena žlica
- Pamučna tkanina ili ručnik
- Cjedilo

UPUTE:

a) Ananas operite i narežite na kockice.

b) Pomiješajte med i vodu u posudi od 1/2 galona (1,9 L) dok se potpuno ne otopi.

c) Dodajte komadiće ananasa u staklenku i prekrijte pamučnom krpom ili ručnikom. Odložite staklenku na hladno i suho mjesto daleko od izravne sunčeve svjetlosti i ostavite da fermentira 3 do 4 dana. Zamutit će se i razviti bezopasnu bijelu pjenu koja se može skinuti.

d) Gotov tepache procijedite u vrč i ostavite u hladnjaku da se dobro ohladi. Poslužite preko leda. Ovo je najbolje potrošiti u roku od nekoliko dana nakon cijeđenja.

PIĆA

61. Osnovni sirup od meda

SASTOJCI:
- 1/2 šalice (170 g) meda
- 1/2 šalice (120 ml) vode
- Srednji lonac
- Drvena žlica

UPUTE:

a) Zagrijte med i vodu na srednjoj vatri dok se med potpuno ne otopi i smjesa postane homogena. Nemojte kuhati.

b) Neka se potpuno ohladi prije upotrebe. U hladnjaku se može čuvati do 2 tjedna.

62. Slatko piće začinjeno đumbirom

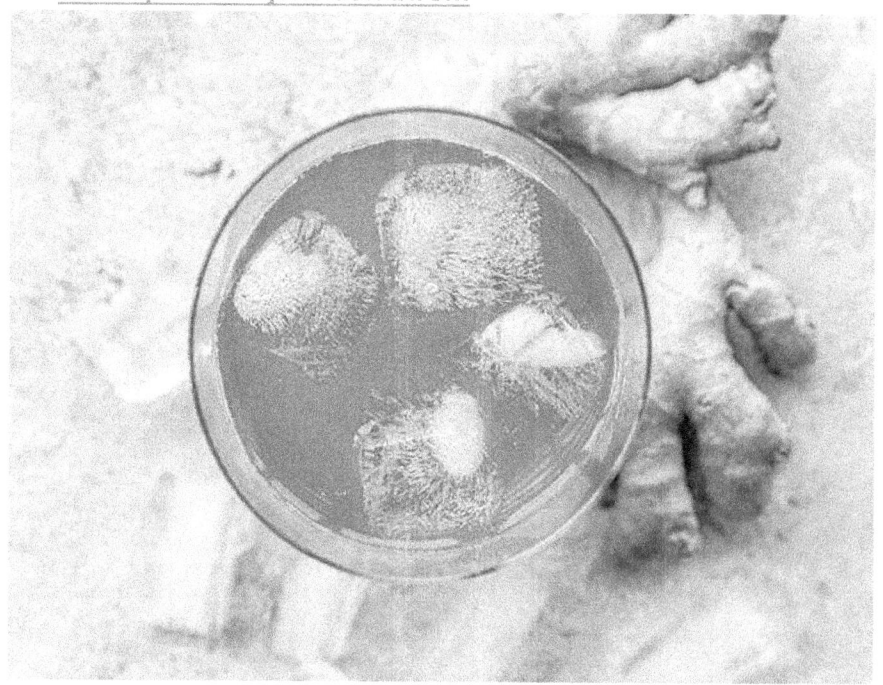

SASTOJCI:
- 2 žlice (28 ml) jakog sirupa od đumbira i meda
- 6 unci (175 ml) gazirane vode
- Led
- Okret kore limete
- Čaša za koktel
- Štapić za miješanje koktela

UPUTE:
a) Sirup i gaziranu vodu prelijte preko leda.
b) Lagano promiješajte da se sjedini.
c) Dodajte koricu limete i uživajte.

63.Mandarin Fiz

SASTOJCI:
- 1/2 šalice (120 ml) svježeg soka od mandarine ili mandarine
- 1/2 žličice soka od limuna
- 2 žlice (28 ml) osnovnog jednostavnog sirupa od meda
- 1/2 šalice (120 ml) gazirane vode od malina
- Led
- Šaka svježih malina za ukras
- Čaša za koktel
- Štapić za miješanje koktela

UPUTE:
a) Sve sastojke prelijte ledom.
b) Lagano promiješajte da se sjedini.
c) Ukrasite malinama.

64. Medeni koktel od limunske trave krastavca

SASTOJCI:
- 3/4 šalice (175 ml) soka od krastavca (otprilike 1/2 funte [225 g] neoguljenih krastavaca) i komad krastavca za ukras
- 2 žlice (28 ml) jednostavnog sirupa od limunske trave i meda
- 1 šalica (1,5 unce ili 42 ml) votke ili džina
- Led
- Sokovnik ili blender
- Čaša za koktel
- Štapić za miješanje koktela

UPUTE:
a) Iscijedite 1/2 funte (225 g) krastavaca (ili više ako je potrebno) u sokovniku da dobijete 3/4 šalice (175 ml) soka od krastavaca.
b) Ulijte jednostavan sirup od meda od limunske trave, sok od krastavca i votku ili gin preko leda.
c) Lagano promiješajte da se sjedini.
d) Ukrasite kopljem krastavca.

65. Koktel od marelice i kardamoma

SASTOJCI:
- 3 unce (90 ml) nektara marelice
- 2 žlice (28 ml) jednostavnog sirupa od kardamoma i meda
- 1/2 žlice jednostavnog sirupa od lavande i meda
- Mlaz soka od grejpa
- 1 šalica (1,5 unce ili 42 ml) rakije
- Led
- Čaša za koktel
- Štapić za miješanje koktela

UPUTE:
a) Sve sastojke prelijte ledom.
b) Lagano promiješajte da se sjedini.

66.Medeni koktel od tekile

SASTOJCI:
- 2 unce (60 ml) tekile
- 3 žlice (45 ml) osnovnog sirupa od meda (ili pokušajte s varijantom sirupa od meda, poput kardamoma)
- 11/2 žlice (23 ml) svježeg soka od limuna
- Led
- 2 crtice Angostura bitera
- Twist od limunove kore za ukras
- Shaker za koktele
- Čaša za koktel

UPUTE:
a) Dodajte tekilu, sirup od meda i limunov sok u shaker s ledom i mućkajte dok se ne ohladi.
b) Ulijte u čašu za koktel i dodajte 2 crtice bitera.
c) Ukrasite limunovom koricom.

67. Litavska žestoka pića od meda

SASTOJCI:
- 21/4 šalice (765 g) meda
- 1 litra (950 ml) vode
- 8 cijelih klinčića
- 3 štapića cimeta
- 10 mahuna kardamoma, izlomljenih
- 1/2 cijelog muškatnog oraščića, nasjeckanog
- 5 cijelih pimenta, izlomljenih
- 11/2 žličice crnog papra u zrnu
- 1 žličica sjemena komorača
- 3-inčni (7,5 cm) korijen đumbira, izrezan na deblje kriške
- Korica 1 naranče, samo kora, bez srži
- Kora 1/2 limuna, samo kora, bez srži
- 1 mahune vanilije, razdvojiti i ostrugati
- 1 boca (750 ml) 190 proof grain alkohola
- Veliki lonac
- Drvena žlica
- Cjedilo
- Boce s čepovima, dovoljno za 2 litre (1,9 L)

UPUTE:
a) Napravite seriju odmah nakon berbe meda kako bi neki bili spremni za blagdansku sezonu darivanja.
b) 1. U velikom loncu zakuhajte med i vodu. Skinite pjenu koja se pojavi na površini.
c) 2. Dodajte sve ostale sastojke osim žitnog alkohola. Pirjajte nepoklopljeno 30 minuta.
d) 3. Ugasite vatru i dodajte žitni alkohol u još vruću smjesu, miješajući da se sjedini. Procijedite smjesu.
e) 4. Ulijte u čiste, sterilne boce i ostavite sa strane najmanje 2 tjedna, ako je moguće i duže.

68. Tonik od bazge

SASTOJCI:
- 2 šalice (290 g) svježih bobica bazge
- 3 šalice (700 ml) vode
- 1 šalica (340 g) meda
- 1 boca (750 ml) čistog žitnog alkohola, votke ili rakije
- Srednji lonac
- Gnječilica za krumpir
- Cjedilo
- Boce s čepovima, dovoljno za 1 litru (950 ml)

UPUTE:

f) 1. U lonac stavite bazgu i vodu. Bobice zdrobite gnječilicom za krumpir da puste sok. Pustite da prokuha i ostavite da se ohladi.

g) 2. Umiješajte med i alkohol.

h) 3. Ulijte u čiste, sterilne boce i ostavite da odleži najmanje 1 mjesec.

69.Kurkuma Med Super Booster

SASTOJCI::
- 1/4 šalice (85 g) sirovog meda
- 1 žličica limunove korice
- 1 žlica (7 g) mljevene kurkume
- 2 žlice (28 ml) sirovog nefiltriranog jabučnog octa
- Umutiti
- Mala posuda
- Hermetička posuda

UPUTE:
a)   Umutite sve sastojke zajedno u maloj posudi dok ne postanu glatki. Ulijte u hermetički zatvorenu posudu i stavite u hladnjak do 1 tjedna.
b)   Za upotrebu jednostavno dodajte 1 žlicu (15 ml) u malo tople vode i popijte.

70. Martini u saću

SASTOJCI:
- 2 unce votke
- ½ unce sirupa od meda (pomiješajte jednake dijelove meda i tople vode)
- ½ unce svježeg soka od limuna
- ½ unce triple sek
- Zdrobljeni bombon u saću za ukras

UPUTE:
a) Napunite shaker za koktele ledom.
b) Dodajte votku, sirup od meda, svježi limunov sok i triple sec u shaker.
c) Dobro protresite dok se smjesa ne ohladi.
d) Procijedite koktel u ohlađenu čašu za martini.
e) Ukrasite rub čaše zdrobljenim bombonom u saću.
f) Honeycomb martini poslužite ohlađen i uživajte!

71. Honeycomb Margarita

SASTOJCI:
- 2 unce tekile
- 1 unca soka od limete
- ½ unce likera od naranče (npr. Triple Sec)
- 1 žlica meda
- ¼ šalice zdrobljenog bombona saća
- Kriške limete i dodatni med za obrubljivanje čaše (po izboru)

UPUTE:
a) Obrubite čašu za margaritu medom (po izboru) i umočite je u zdrobljene bombone od saća da obložite rub.
b) U shakeru napunjenom ledom pomiješajte tekilu, sok od limete, liker od naranče i med.
c) Snažno protresite dok se dobro ne sjedini i ohladi.
d) Procijedite margaritu u pripremljenu čašu napunjenu ledom.
e) Ukrasite kriškom limete i uživajte u margariti u obliku saća.

72. Saćasti tropski mocktail

SASTOJCI:
- ½ šalice soka od ananasa
- ½ šalice soka od naranče
- ¼ šalice soka od limuna
- ¼ šalice soka od marakuje
- ¼ šalice meda
- ¼ šalice bombona u obliku saća, zgnječenog
- Klub sok ili gazirana voda
- Kriške limuna i listići mente za ukras (po želji)

UPUTE:

a) U vrču pomiješajte sok od ananasa, sok od naranče, sok od limuna, sok od marakuje, med i zdrobljene bombone od saća.
b) Miješajte dok se bombon sa saćem ne otopi.
c) Napunite čaše kockicama leda.
d) Prelijte mješavinu bombona u obliku saća preko leda, puneći svaku čašu otprilike do pola.
e) Prelijte sodom ili gaziranom vodom.
f) Po želji ukrasite kriškama limuna i listićima mente.
g) Poslužite i uživajte u ovom osvježavajućem i gaziranom mocktailu od bombona saća.

73. Staromodni bomboni sa saćem

SASTOJCI:
- 2 oz burbona
- ½ oz sirupa od meda (jednaki dijelovi meda i vode, zagrijani i ohlađeni)
- Malo Angostura bitera
- Bomboni u obliku saća, za ukras
- Narančina kora, za ukras

UPUTE:
a) U Old Fashioned čaši pomiješajte mali komad bombona saća i sirup od meda.
b) Dodajte burbon i biter u čašu i lagano promiješajte.
c) Napunite čašu kockicama leda.
d) Ukrasite komadićem bombona u obliku saća i komadićem narančine korice.
e) Uživajte u ovom koktelu Old Fashioned bombona bogatog i ukusnog saća.

74. Honeycomb Candy Mojito Mocktail

SASTOJCI:
- ½ limete, izrezane na kriške
- 10 listova svježe metvice
- 2 žlice bombonskog sirupa saća
- Klub soda
- Slomljen led
- Grančica mente, za ukras

UPUTE:
a) U čaši pomiješajte kriške limete, listiće mente i bombonski sirup od saća.
b) Napunite čašu smrvljenim ledom.
c) Prelijte sodom i lagano promiješajte.
d) Ukrasite grančicom mente.

75. Honeycomb Candy Punch

SASTOJCI:
- 2 šalice soka od ananasa
- 1 šalica soka od naranče
- ½ šalice bombonskog sirupa saća
- ¼ šalice soka od limuna
- 2 šalice piva od đumbira
- Slomljen led
- Kriške limuna i bombona u obliku saća, za ukras

UPUTE:

a) U zdjeli za punč pomiješajte sok od ananasa, sok od naranče, bombonski sirup od saća i limunov sok.
b) Dobro promiješajte da se okusi prožmu.
c) Dodajte zdrobljeni led u posudu za punč.
d) Neposredno prije posluživanja ulijte pivo od đumbira i lagano promiješajte.
e) Ukrasite kriškama limuna i komadićima bombona saća.
f) Uživajte u ovom voćnom i pjenušavom punču od bombona saća.

76. Honeycomb Cereal White Russian

SASTOJCI:
- 1 oz votke
- 1 oz likera od kave
- 1 oz vrhnja ili mlijeka
- 1 žlica žitarica saća
- Bomboni u obliku saća, za ukras

UPUTE:
a) U čaši pomiješajte votku, liker od kave i vrhnje.
b) Dobro promiješajte da se sjedini.
c) Dodajte žitne pahuljice sa saćem i ostavite nekoliko minuta da se upije u smjesu.
d) Napunite čašu kockicama leda.
e) Ukrasite komadićem bombona saća.
f) Uživajte u ovoj kremastoj i hrskavoj žitarici sa saćem, White Russian.

77. Honeycomb Candy Spritzer

SASTOJCI:
- ½ šalice gazirane vode
- ½ šalice sode limun-limeta
- 2 žlice bombonskog sirupa saća
- Slomljen led
- Kriške limuna i listići mente, za ukras

UPUTE:
a) U čaši pomiješajte gaziranu vodu, sok od limuna i limete i bombonski sirup od saća.
b) Lagano promiješajte da se okusi pomiješaju.
c) Napunite čašu smrvljenim ledom.
d) Ukrasite kriškama limuna i listićima mente.
e) Uživajte u ovom gaziranom i osvježavajućem mocktailu od slatkiša u obliku saća.

78. Honeycomb Candy Whisky Smash

SASTOJCI:
- 2 oz viskija
- ½ oz soka od limuna
- ½ oz bombonskog sirupa saća
- Listovi svježe metvice
- Slomljen led
- Kriška limuna i grančica mente, za ukras

UPUTE:
a) U shakeru za koktele pomiješajte nekoliko listića mente s limunovim sokom i bombonskim sirupom od saća.
b) Dodajte viski i led u shaker.
c) Dobro protresti da se okusi sjedine.
d) Napunite čašu smrvljenim ledom.
e) Procijedite koktel u čašu.
f) Ukrasite kriškom limuna i grančicom metvice.
g) Uživajte u ovoj zeljastoj i slatkoj bomboni od viskija od saća.

79. Bomboni sa saćem Pina Colada

SASTOJCI:
- 1 šalica soka od ananasa
- ½ šalice kokosovog mlijeka
- ¼ šalice bombonskog sirupa od saća
- Slomljen led
- Kriška ananasa i višnje za ukras

UPUTE:
a) U blenderu pomiješajte sok od ananasa, kokosovo mlijeko i bombonski sirup od saća.
b) Dodajte šaku smrvljenog leda u blender i miksajte dok ne postane glatko.
c) Ulijte mocktail u čašu.
d) Ukrasite kriškom ananasa i trešnjama.

MIJEDNI MED

80. Med s limunom

SASTOJCI:
- 1 šalica meda
- 1 žlica naribane limunove korice
- 2 kriške svježeg limuna

UPUTE:

a) Koristi se u preljevima, marinadama, pićima, slatkišima i pekarskim proizvodima.

b) Za infuzije spremne za upotrebu, koristite sok kao i koricu.

81. Med s narančom

SASTOJCI:
- Korica 4 organske naranče
- ¾ šalice meda

UPUTE:
a) Stavite narančinu koricu u praznu staklenku.
b) Ulijte sirovi med i osigurajte da su svi sastojci potpuno potopljeni.
c) Čvrsto zatvorite poklopac i ostavite da stoji na suncu.
d) Barem jednom dnevno okrenite staklenku.
e) Ostavite ovu mješavinu da se infuzira najmanje tjedan dana ili do 3-4 tjedna.
f) Procijedite i čuvajte na hladnom i tamnom mjestu kako biste zadržali svježinu.
g) Odličan je dodatak kolačima i muffinima ili je ukusan umiješan u jogurt ili svježi sir.

82. Med s limunovim maslacem

SASTOJCI:
- ¾ šalice meda
- 3 žlice maslaca
- 1 žličica soka od limuna
- ¼ žličice vanilije

UPUTE:
a) Zagrijte med i maslac.
b) Ohladite i dodajte limunov sok i vaniliju.
c) Poslužite uz palačinke ili vafle.

83. Med s dodatkom breskve

SASTOJCI:
- 1 funta svježih breskvi, oguljenih, bez koštica i narezanih ili suhih breskvi
- 3 žlice meda
- 1 žličica svježe iscijeđenog soka od limuna

UPUTE:
a) Miješajte sve sastojke u multipraktiku 3 minute da dobijete glatki pire. Ulijte u stisnutu bocu.
b) Med od breskve može se čuvati u hladnjaku 1 do 2 tjedna.

84. Med s dodatkom kruške i jabuke

SASTOJCI:
- 6 krušaka, oguljenih i izvađenih koštica
- 2 jabuke, oguljene i bez koštice
- Kora 1 naranče
- 1½ funte šećera

UPUTE:
a) Sameljite kruške, jabuke i naranče.
b) Dodajte šećer i kuhajte 20 minuta uz često miješanje.
c) Dodajte naribanu koricu naranče. Kuhajte dok se ne zgusne.

85. Med s ružičastim grejpom

SASTOJCI:
- ½ galona soka od ružičastog ili rubin crvenog grejpa
- 2 žlice meda
- ½ šalice likera Triple Sec

UPUTE:
a) Pomiješajte sok, med i liker.
b) Ohladiti.
c) Poslužite kao desert.

86. Dunja Infused med

SASTOJCI:
- 3 velike dunje
- 1 velika jabuka
- 1 litra vode

UPUTE:
a) Sameljite ili naribajte dunju i jabuku.
b) Stavite vodu na voće i kuhajte 20 minuta.
c) Slijedite upute na pakiranju pektina za šećer i upute za kuhanje.

87. Med cimet-jabuka

SASTOJCI:
- 1 litra slatkog jabukovače
- 8 šalica, očišćenih jabuka, koštice i četvrtina
- 1 limun, oguljen, narezan na kriške i bez sjemenki
- 1 šalica meda
- ½ šalice pakiranog smeđeg šećera
- 1 žlica mljevenog cimeta

UPUTE:
a) Zagrijte jabukovaču do vrenja u pećnici bez poklopca oko 15 minuta.
b) Dodajte jabuke i limun. Zagrijte do vrenja; smanjiti toplinu.
c) Pirjajte bez poklopca oko 1 sat, povremeno miješajući dok jabuke ne omekšaju.
d) Umiješajte med i cimet.
e) Zagrijte do vrenja; smanjiti toplinu.
f) Kuhajte bez poklopca oko 1-15 sati, povremeno miješajući dok se tekućina ne odvoji od pulpe.
g) Odmah ulijte smjesu u vruće, sterilizirane staklenke, ostavljajući ¼ inča slobodnog prostora.
h) Obrišite rubove staklenki; pečat. Ohladite na rešetki 1 sat.
i) Čuvati u hladnjaku do 2 mjeseca.

88. Med natopljen cvijetom bazge

SASTOJCI:
- 1 litra slatkog jabukovače
- 8 šalica, očišćenih jabuka, koštice i četvrtina
- 1 limun, oguljen, narezan na kriške i bez sjemenki
- 1 šalica meda
- ½ šalice pakiranog smeđeg šećera
- 1 žlica mljevenog cimeta

UPUTE:
a) Zagrijte jabukovaču do vrenja u pećnici bez poklopca oko 15 minuta.
b) Dodajte jabuke i limun. Zagrijte do vrenja; smanjiti toplinu.
c) Pirjajte bez poklopca oko 1 sat, povremeno miješajući dok jabuke ne omekšaju.
d) Umiješajte med i cimet.
e) Zagrijte do vrenja; smanjiti toplinu.
f) Kuhajte bez poklopca oko 1-15 sati, povremeno miješajući dok se tekućina ne odvoji od pulpe.
g) Odmah ulijte smjesu u vruće, sterilizirane staklenke, ostavljajući ¼ inča slobodnog prostora.
h) Obrišite rubove staklenki; pečat. Ohladite na rešetki 1 sat.
i) Čuvati u hladnjaku do 2 mjeseca.

88.Med natopljen cvijetom bazge

SASTOJCI:
- ¼ šalice cvijeta bazge (osušenog ili svježeg – organskog)
- 1 šalica lokalnog sirovog meda (tekućeg)

UPUTE:
a) Dodajte suhe sastojke u staklenku
b) Potpuno prekriti medom
c) Brtva na vrhu
d) Ostavite med da odstoji mjesec dana, po želji i dulje
e) naprezanje
f) Procijeđeni med vratite u staklenku i poklonite ili koristite po želji!

89. Jorgovan ulio med

SASTOJCI:
- ¼ šalice jorgovana (suhih ili svježih - organski)
- 1 šalica lokalnog sirovog meda (tekućeg)

UPUTE:
a) Dodajte suhe sastojke u staklenku
b) Potpuno prekriti medom
c) Brtva na vrhu
d) Ostavite med da odstoji mjesec dana, po želji i dulje
e) naprezanje
f) Procijeđeni med vratite u staklenku i poklonite ili koristite po želji!

90.Jasmin natopljen medom

SASTOJCI:
- ¼ šalice jasmina (osušenog ili svježeg - organskog)
- 1 šalica lokalnog sirovog meda (tekućeg)

UPUTE:
a) Dodajte suhe sastojke u staklenku
b) Potpuno prekriti medom
c) Brtva na vrhu
d) Ostavite med da odstoji mjesec dana, po želji i dulje
e) naprezanje
f) Procijeđeni med vratite u staklenku i poklonite ili koristite po želji!

91. Tulsi infuzirani med

SASTOJCI:
- 1 šalica meda
- 5-10 listova Tulsija
- Med s laticama ruže

UPUTE:

a) Stavite lišće Tulsija u praznu staklenku.

b) Ulijte med prožet ružom i pobrinite se da su svi sastojci potpuno potopljeni.

c) Čvrsto zatvorite poklopac i ostavite da stoji na suncu.

d) Barem jednom dnevno okrenite staklenku.

e) Ostavite ovu mješavinu da se infuzira najmanje tjedan dana ili do 3-4 tjedna.

f) Procijedite i čuvajte na hladnom i tamnom mjestu kako biste zadržali svježinu.

92.Med s dodatkom cimeta

SASTOJCI:
- 1 šalica meda
- 5 štapića cimeta
- 1 prstohvat cimeta u prahu

UPUTE:
a) Stavite cimet u praznu staklenku.
b) Ulijte sirovi med i osigurajte da su svi sastojci potpuno potopljeni.
c) Čvrsto zatvorite poklopac i ostavite da stoji na suncu.
d) Barem jednom dnevno okrenite staklenku.
e) Ostavite ovu mješavinu da se infuzira najmanje tjedan dana ili do 3-4 tjedna.
f) Procijedite i čuvajte na hladnom i tamnom mjestu kako biste zadržali svježinu.

93.Med s đumbirom

SASTOJCI:
- 1 šalica meda
- 1 žličica sitno nasjeckanog đumbira
- 1 prstohvat đumbira u prahu

UPUTE:
a) Stavite đumbir u praznu staklenku.
b) Ulijte sirovi med i osigurajte da su svi sastojci potpuno potopljeni.
c) Čvrsto zatvorite poklopac i ostavite da stoji na suncu.
d) Barem jednom dnevno okrenite staklenku.
e) Ostavite ovu mješavinu da se infuzira najmanje tjedan dana ili do 3-4 tjedna.
f) Procijedite i čuvajte na hladnom i tamnom mjestu kako biste zadržali svježinu.
g) Ova infuzija je ukusna u marinadama za pomfrit od piletine i povrća.

94.Med s dodatkom vanilije

SASTOJCI:
- 1 šalica meda
- 1 mahune vanilije
- ½ žličice esencije vanilije

UPUTE:
a) Stavite mahunu vanilije i esenciju u praznu staklenku.
b) Ulijte sirovi med i osigurajte da su svi sastojci potpuno potopljeni.
c) Čvrsto zatvorite poklopac i ostavite da stoji na suncu.
d) Barem jednom dnevno okrenite staklenku.
e) Ostavite ovu mješavinu da se infuzira najmanje tjedan dana ili do 3-4 tjedna.
f) Procijedite i čuvajte na hladnom i tamnom mjestu kako biste zadržali svježinu.

95. Med sa zvjezdastim anisom

SASTOJCI:
- ⅛ šalice cijelih i djelomično zdrobljenih mahuna zvjezdastog anisa
- ½ šalice meda

UPUTE:
a) Zvjezdasti anis stavite u praznu staklenku.
b) Ulijte sirovi med i osigurajte da su svi sastojci potpuno potopljeni.
c) Čvrsto zatvorite poklopac i ostavite da stoji na suncu.
d) Barem jednom dnevno okrenite staklenku.
e) Ostavite ovu mješavinu da se infuzira najmanje tjedan dana ili do 3-4 tjedna.
f) Procijedite i čuvajte na hladnom i tamnom mjestu kako biste zadržali svježinu.

96.Med s dodatkom klinčića

SASTOJCI:
- ⅛ šalice cijelih klinčića
- ½ šalice meda

UPUTE:
a) Cijele klinčiće stavite u praznu staklenku.
b) Ulijte sirovi med i osigurajte da su svi sastojci potpuno potopljeni.
c) Čvrsto zatvorite poklopac i ostavite da stoji na suncu.
d) Barem jednom dnevno okrenite staklenku.
e) Ostavite ovu mješavinu da se infuzira najmanje tjedan dana ili do 3-4 tjedna.
f) Procijedite i čuvajte na hladnom i tamnom mjestu kako biste zadržali svježinu.
g) Najbolja upotreba je kao glazura za šunku, otopljena u mlijeku ili likeru od jaja ili prelivena po božićnim desertima.

97.Jalapeno infuzirani med

SASTOJCI:
- 1 šalica meda
- 1 kriška jalapena ili više po vašem ukusu

UPUTE:
a) Stavite jalapeno u praznu staklenku.
b) Ulijte sirovi med i osigurajte da su svi sastojci potpuno potopljeni.
c) Čvrsto zatvorite poklopac i ostavite da stoji na suncu.
d) Barem jednom dnevno okrenite staklenku.
e) Ostavite ovu mješavinu da se infuzira najmanje tjedan dana ili do 3-4 tjedna.
f) Procijedite i čuvajte na hladnom i tamnom mjestu kako biste zadržali svježinu.

98. Med sa sjemenkama korijandera

SASTOJCI:
- 1 šalica meda
- Jedna žlica sjemenki korijandera
- 1 prstohvat korijandera u prahu

UPUTE:
a) Stavite sjemenke korijandera i korijander u prahu u praznu staklenku.
b) Ulijte sirovi med i osigurajte da su svi sastojci potpuno potopljeni.
c) Čvrsto zatvorite poklopac i ostavite da stoji na suncu.
d) Barem jednom dnevno okrenite staklenku.
e) Ostavite ovu mješavinu da se infuzira najmanje tjedan dana ili do 3-4 tjedna.
f) Procijedite i čuvajte na hladnom i tamnom mjestu kako biste zadržali svježinu.
g) Ovaj med prožet može lako nadopuniti svako slano jelo.
h) Možete ga dodati i svojim čajevima za ugodan okus i miris.

99.Sjeme celera s medom

SASTOJCI:
- 4 žlice octa
- 1 žličica sjemenki celera
- ⅓ šalice meda
- 1 žlica soka od limuna

UPUTE:
a) Pomiješajte sve sastojke.
b) Poslužite uz voćnu salatu.

100. Sjeme maka Med

SASTOJCI:
- 1 šalica ulja
- ⅓ šalice octa
- 2 žlice meda
- 1½ žlica maka

UPUTE:

a) Miješajte ocat i med u blenderu dok ne postanu kremasti, a zatim umiješajte mak.

b) Čuvati u hladnjaku.

ZAKLJUČAK

Dok završavamo ovo okusno putovanje, nadamo se da vas je "VRHUNSKA KUHARICA S MEDOM" nadahnula da prigrlite bogatstvo i prirodnu slatkoću meda u vlastitoj kuhinji. Med nije samo zaslađivač; to je dokaz snage darova prirode i nevjerojatnih okusa koje nude.

S receptima i tehnikama koje dijelimo u ovoj kuharici, nadamo se da ste stekli povjerenje i inspiraciju za uključivanje meda u širok raspon jela. Bilo da ga stavljate u marinade, prelijevate preko deserta ili istražujete jedinstvene kombinacije okusa, neka vaše kreacije prožete medom donesu radost i užitak vašem blagovaonskom stolu.

Dakle, dok se upuštate u vlastite avanture s medom, neka "VRHUNSKA KUHARICA S MEDOM" bude vaš pouzdani suputnik, pružajući vam ukusne recepte, korisne savjete i smisao za kulinarsko istraživanje. Prihvatite zlatnu slatkoću, zdravstvene dobrobiti i prirodnu dobrotu meda i neka svako jelo koje napravite postane dokaz nevjerojatnih okusa koje priroda pruža.

Neka vaša kuhinja bude ispunjena mirisom meda, slatkoćom dara prirode i užitkom kuhanja s korisnim namirnicama. Ugodno kuhanje i neka vaše kreacije prožete medom unesu dašak prirodnog užitka u svaki vaš obrok!

www.ingramcontent.com/pod-product-compliance
Lightning Source LLC
Chambersburg PA
CBHW070405120526
44590CB00014B/1267